영국 작가들처럼 사고하고, 글쓰기

퀀텀 쓰기

저자 박양규, 박진섭, 이예슬

서문

인공지능 시대에 생각을 지키는 방법 **퀀텀쓰기**

> "만약 우리가 글을 쓸 수 없게 된다면, 우리는 생각하는 힘을 잃게 될 것입니다. 생각하는 힘을 잃어버리면, 우리는 다른 누군가의 생각에 지배될 것입니다."
>
> – 조지 오웰, 《1984》의 저자

조지 오웰의 《1984》라는 작품은 1949년에 출간된 판타지 소설이에요. 조지 오웰은 '빅브라더'라는 의문의 존재가 통제하는 미래를 상상하며 작품을 만들었어요. 미국 뉴욕타임즈는 21세기에 반드시 읽어야 할 소설 2위에 조지 오웰의 《1984》를 선정했어요. 1949년에 발표된 소설이 21세기 최고의 필독 도서에 오른 이유는 무엇일까요?

우리는 빅데이터와 인공지능에 익숙해진 시대를 살아가고 있어요. 누구나 스마트폰을 가지고 있고 모두가 빅데이터에 연결되어 있어요. ChatGPT, 구글 BARD와 같은 인공지능 프로그램이 우리를 대신해서 글을 써 주는 세상이지요. 놀라지 마세요, 어느 그림 대회에서는 인공지능이 그린 그림이 1등을 차지하기도 했답니다.

지금 이 시대와 조지 오웰의 《1984》는 어떤 관련이 있을까요? 《1984》 속의 빅브라더는 사람들에게 읽기와 쓰기를 금지했어요. 자연스럽게 사람들의 언어와 생각은 단순해지고, 감정이 메말랐지요. 오늘날의 빅데이터 역시 우리에게서 읽기와 쓰기를 빼앗아가고 있어요.

이 책은 글쓰기가 왜 중요한지 고민하며 쓴 책이에요. 이 책은 단순히 '서론 - 본론 - 결론'을 어떻게 쓰라는 '공식'을 가르쳐주는 책이 아니에요. 피부가 나빠지면 맞는 약을 바르는 것으로 간단히 해결할 수 있지만, 근본적인 해결을 위해 몸에 해로운 음식은 삼가고, 좋은 음식을 먹어야 진짜 건강해질 수 있어요. 마찬가지로 좋은 글을 쓰기 위해서는 좋은 글을 많이 읽고 느껴야 해요. 공식을 통해 기계적으로 글을 쓰기보다, 고민하고 생각하면서 글을 쓰는 것이 이 책의 목표입니다. 이 목적을 이루기 위해 책 속의 영국 작가들은 우리의 생각이 넓어지고, 글이 깊어지도록 도와주는 선생님 역할을 할 겁니다.

《퀀텀쓰기》는 좋은 작가들이 알려주는 글쓰기 방법과 형식은 물론, 그 작가들의 좋은 글도 함께 보여 줍니다. 영국 작가들과 함께 글을 써나간다면 여러분의 글쓰기는 비약적으로 성장할 거예요. 그것이 바로 《퀀텀쓰기》가 여러분에게 주고자 하는 생각의 힘입니다.

이 책을 펼친 분들이 퀀텀쓰기를 통해 빅데이터와 인공지능의 시대로부터 우리의 생각을 지키고, 글쓰기 '퀀텀 점프'하기를 진심으로 응원합니다.

- 소명학교에서 박양규, 박진섭, 이예슬

"대학입시의 논술시험을 잘 보려면 논술학원에 보내서는 안 된다. 평소에 좋은 책을 많이 읽게 하고, 자기 생각을 논리적으로 말하고 쓰는 훈련을 시키는 것이 훨씬 낫다. 학원에 가면 답안작성 요령을 배울 수는 있지만, 막상 시험장에 들어가 문제지를 받아들면 생각나는 것이 하나도 없다. 하지만 평소에 많이 읽고, 생각하고 써본 학생은 어떤 문제가 나와도 걱정 없이 써낸다. 그리고 그 역량은 평생을 함께한다."

- 정민, 《다산선생 지식경영법》, p.62.

추천사

암기력이 필요했던 시대는 정답이 정해져 있었다. 그냥 외운 걸 그대로 적으면 됐다. 하지만 지금은 인공지능의 시대다. 인간보다 나아지고 있는 인공지능에 대한 고민은 인간의 능력에 대한 주제로 바뀌고 있다. '인간은 과연 미래에 주인이 될 수 있는가? 인간이 인공지능과 구별되는 것은 무엇인가?' 결국 인간만의 사고와 다양한 창의적인 표현능력이 그 요소가 될 것으로 추측해 본다. 앞으로 ChatGPT, 인공지능을 잘 활용하기 위해서는 질문과 글쓰기는 더욱 중요한 능력이 될 것이다.

우리의 삶을 돌아보면 글은 중요한 표현의 도구이자, 기록의 매체이다. 초등학교 일기부터 과제, 보고서, 연구 논문 등 글쓰기 방식은 다양하다. 글쓰기는 기술로 되는 것이 아니라서 어려움을 호소하는 이들이 많다. 방법을 안다고 해도 내 뜻대로 되지 않을 때가 많다. 우리가 하는 SNS도 결국 글쓰기의 영역이다. 쓰고자 하는 필요와 욕구는 강해졌고, 다양한 글쓰기 책도 많다. 하지만 방법만 강조하다 보면 정말 중요한 것들을 놓칠 때도 있다. 글쓰기는 자기 관점을 세우는 과정이다. 글쓰기 전에 질문이 중요하다. 질문을 어떻게 하느냐에 따라 답의 수준도 변한다.

《퀀텀쓰기》의 저자들은 인공지능 시대에 생각을 지키는 방법으로 '퀀텀쓰기'를 제안한다. 책은 질문을 잘 만들어야 원하는 답을 찾을 수 있는 시대에 발맞춰 글쓰기를 고민한다. "왜 가장 인상적이었나요?", "왜 그런가요?"라는 질문에 책의 장면이나 문장을 떠올리게 된다. 질문이 있기에 생각을 정리할 수 있고, 마지막에는 글로 적어볼 수 있다. 결국 글쓰기는 생각을 정리하는 과정이며, 글쓰기를 통해 주체적인 나로 성장하는 힘을 키운다. 이 책은 그런 필요를 충족한다. 글쓰기를 배우는 아이들뿐 아니라 집에서 아이들의 글쓰기를 가르치고 싶은 부모님, 지도하는 강사, 교사의 지도서로 손색없는 책이다. 고전을 읽는 즐거움과 글쓰기의 능력을 키울 수 있게 할 것이다. 이 책이 앞으로 많은 이들의 글쓰기 고민을 덜어줄 거라는 예감이 든다.

— 이혜령 (숭례문학당 강사)

"왜 글을 쓰나요?"
"엄마가 시켜서요."

저는 다양한 연령의 사람들과 함께 쓰는 모임을 운영합니다. 많은 초·중·고등학생과 함께 글쓰기와 쓰기 위한 읽기를 고민합니다. 모임에 참여한 학생들에게 동기를 물으면 제일 먼저 '엄마의 권유'를 꼽습니다. 학년이 올라갈수록 어려움은 늘어갑니다. 서술형 문항 작성뿐 아니라 학교에서 내주는 독후감, 실험 보고서, 수행평가와 같은 과제를 글로 제출해야 하니까요. 성인이 되면 상황이 나아질까요? 성인이 될 때까지 여러분은 상당히 많은 글을 쓸 예정입니다. 직장에서 쓰는 각종 기획안이나 보고서, 계획서는 모두 글로 작성하니까요. 오히려 글쓰기를 멀리하는 게 더 어려운 일일 수도 있겠지요.

"선생님, 핸드폰에서 앱을 실행하고, 말하면 앱이 알아서 제 말을 글로 바꿔줘요. 그런데 어째서 우리는 글을 써야 하나요?"

최근 한 학생으로부터 받았던 질문입니다. 인공지능 기술이 매우 빠른 속도로 우리의 삶 전반에 투입되어 대중화되는 요즘입니다. 『사피엔스』의 저자 유발 하라리는 『21세기를 위한 21가지 제언』에서 인공지능이 인간지능을 추월하는 시기도 언젠가 올 것이라 말합니다. 인공지능의 발전과 더불어 우리가 선택할 수 있는 길은 두 가지로 나뉠 겁니다. 내가 하는 일이 인공지능에 의해 대체되는 것을 지켜보거나, 인공지능과 협업하여 다른 일, 새로운 일에 도전하는 것이지요. 두 번째 입장을 선택하려면 스스로 생각하고 판단하는 능력, 즉 문해력이 필요합니다. 이는 배경지식만 쌓거나, 한자를 공부한다거나, 어휘력이나 독해력만 공략하는 단편적인 방법보다 읽고, 생각하고, 쓰기가 함께 어우러지는 방법을 통해 갖출 수 있습니다.

《퀀텀쓰기》는 영국 작가의 발자취를 따르며 그들의 글과 쓰는 방법, 글의 구조를 보여줍니다. 작가의 묘사나 서술, 해석과 통찰은 또 다른 생각으로 확장될 씨앗이지요. 선생님과 함께 그들의 흔적을 읽어가며 나만의 생각가지를 펼쳐 보세요. 차곡차곡 생각의 열매를 갈무리하면서요. 더불어 나와 다른 방향으로 글을 쓰는 친구와 서로의 글을 나누어 보는 것도 좋겠군요. 쓰면서 생각을 정리하고, 다른 친구의 글을 읽으며 사유가 확장되는 경험을 할 수 있습니다. 더 나아가 내 글이 다른 이에게 어떻게 가 닿을지 고민하게 될 거예요. 이 책의 마지막 장을 덮을 무렵이면 여러분의 생각도 한 뼘 더 자라있겠지요. 저는 책방에서 여러분과 어깨 나란히 읽고 쓸 날을 기다릴게요.

― 이인경 (혜화동 소원책담 이사장)

사람의 마음을 움직이는 글을 쓰고 싶은가요? "퀀텀쓰기"에 그 원리가 담겨 있습니다. 저자는 다독(多讀), 다작(多作)의 경험이 있고, 청소년들을 지속적으로 가르친 경험을 바탕으로 길러낸 실제적 원리 5가지, 사고하기, 분석하기, 논증하기, 반증하기, 인용하기를 이 책에 담아냈습니다. 저자가 제시한 '마인드맵' 순서에 따라 원리를 이해하며, 글을 써 나가다 보면 영국 작가들처럼 생각하고 글을 쓸 수 있게 될 것입니다. 글쓰기가 두렵거나, 글쓰기를 배우고 싶다면 주저 없이 《퀀텀쓰기》를 추천합니다. 누구나 이해하기 쉽게 설명했기 때문에 부모님이 자녀를 직접 가르치는 교재로 사용해도 좋으리라 확신합니다.

― 정승민 (소명학교 교장)

요즘 학생들을 가르치면 뚜렷한 특징이 보입니다. 오래 사고하고, 집중하는 능력은 현저하게 사라지고, 신속하고 자극적인 것에 무척 익숙해져 있습니다. 더군다나 인공지능 시대가 본격적으로 우리 생활을 잠식해 들어왔기에 글을 논리적으로 쓴다는 것은 생소한 느낌마저 받습니다.

이 책을 자신 있게 추천하는 이유는 지난 몇 년간 아이들의 생각과 반응이 어떻게 변해 가는지를 직접 관찰했기 때문입니다. 그런 까닭에 이 책은 탁상공론이 아니라 아이들과 부대끼며 교실에서 만든 결과물이기도 합니다. 제가 가르쳤던 아이들이 변해가는 모습을 봤던 것처럼 누군가가 이 책을 통해 자기 생각을 거침없이 표현할 수 있기를 기대합니다.

- 김병준 (소명학교 고등교감)

요즘 청소년들에게 문해력, 사고력이 사라진다는 말은 어제, 오늘만의 이야기가 아닙니다. 이런 때에 생각을 논리적으로 표현하는 방법을 알려주는 글쓰기 교재가 나왔다는 것은 참으로 기쁜 소식입니다. 이 교재가 무척 놀라운 것은, 많은 글쓰기 책이 공식만 제시하거나, '작문' 교재 같은 느낌이라면, 이 책은 작가들의 글을 통해 생각을 배워서 표현하는 글쓰기 책이라고 말할 수 있습니다. 대나무의 비약적인 성장 '퀀텀 리프'처럼 독자들의 문해력과 사고력에도 비약적인 점프가 있기를 소망합니다.

- 김종은 (소명학교 중등교감)

[퀀텀쓰기] 프롤로그

'**퀀텀(Quantum)**'이란, 물리학의 '양자'를 가리키는 말입니다. 여기에서 파생된 '**퀀텀 점프(Quantum jump)**'란 낮은 에너지의 양자가 높은 에너지 단계로 도달하는 것을 의미합니다. 이처럼 **퀀텀 점프란, 일정하게 서서히 상승하는 것이 아니라 순간적으로 높은 곳까지 도약하는 것**을 말합니다.

글쓰기는 사고력의 가장 높은 수준에 도달하는 마지막 단계입니다. 읽고, 생각한 것의 결과가 글쓰기이기 때문입니다. 그러나 빅데이터와 인공지능 기술에 익숙해진 우리는 점점 글을 읽으려 하지 않습니다. 글을 읽는 시간이 줄어들면서, 사고하며 글쓰기는 더 어려워졌어요. 하지만 너무 걱정하지 마세요. 좋은 글을 많이 읽고 글쓰기를 연습하면 누구나 글을 잘 쓸 수 있으니까요.

한 권의 책을 읽고, 내용을 요약하는 것은 간단합니다. 내용을 줄이면 되지요. 그렇지만 "작가가 나에게 하려는 말은 무엇인가?"라는 내용으로 글쓰기를 하려면 벽 앞에 선 느낌을 받습니다. 작가의 의도를 파악해야 하고, 그것을 내 생각으로 전환해야 하기에 고도의 사고력이 필요하지요. 글을 쓰려고 하면 머릿속에서 어떤 생각이 뱅글뱅글 돌지만, 쉽게 써내기가 어려운 것은 이런 과정 때문입니다.

표정과 행동, 몸짓으로 표현하는 '말'과 달리, '글'은 오로지 문자로만 전달해야 하는 어려운 기술입니다. 말은 한번 내뱉으면 사라지지만, 한 번 쓴 글은 좋은 글이든, 나쁜 글이든 두고두고 남게 됩니다. 이처럼 기록은 우리가 계속 생각하고 있음을 보여줍니다. 글쓰기는 지성인이 반드시 지녀야 할 능력입니다. 미국의 명문대학들은 글쓰기를 가장 중요한 가치로 여기고 교육합니다.

앞으로 글을 쓰는 것이 중요한 시대가 될 거예요. 인공지능의 도움 없이 나만의 글을 쓰는 사람이 점점 줄고 있으니까요. 그렇다면 어떻게 글을 잘 쓸 수 있을까요? 글을 잘 쓰기 위해서는 우선 좋은 글을 읽어야 하고, 글을 쓰는 방법을 익혀야 해요. 이 두 가지를 동시에 얻기 위해서 이 책은 다섯 단계로 글을 쓰는 방법을 배우면서 관련된 영국 작가들의 글을 살펴볼 거예요. 그 단계는 다음과 같아요.

❶ 조지 오웰과 함께 **사고하기**
❷ 다니엘 디포와 함께 **분석하기**
❸ 조나단 스위프트와 함께 **논증하기**
❹ 러디어드 키플링과 함께 **반증하기**
❺ 윌리엄 셰익스피어와 함께 **인용하기**

마지막 부분에서는 작가의 글을 읽고, 여러분의 글을 써 보는 훈련도 해 보려고 해요. 이제 국어 선생님, 영국 작가 선생님들과 함께 '퀀텀쓰기'를 시작해 볼까요?

목차

서문 · · · 2
추천사 · · · 4
퀀텀쓰기 프롤로그 · · · 8

1 《동물농장》의 작가
조지 오웰처럼 **사고하기** · · · 13
– 마인드맵으로 글의 '개요' 만들기

2 《로빈슨 크루소》의 작가
다니엘 디포처럼 **분석하기** · · · 33
– 내 글을 '맛집'으로 만드는 방법, '서론' 쓰기

3 《걸리버 여행기》의 작가
조나단 스위프트처럼 **논증하기** · · · 51
– 객관적인 근거를 통해 '논증'하기

4 《정글북》의 작가
러디어드 키플링처럼 **반증하기** ··· 69
– 과감하게 '반증', '반론' 제시하기

5 《햄릿》의 작가
윌리엄 셰익스피어처럼 **인용하기** ··· 85
– 명언과 격언을 '인용'해서 글의 수준 높이기

6 [실전문제]
영국 작가들과 함께 **퀀텀 글쓰기** ··· 101

영국 작가들처럼 사고하고, 글쓰기

1과

《동물농장》의 작가
조지 오웰처럼 사고하기

영국 BBC 방송국 앞에는 조지 오웰의 조각상이 있어요.
그는 제2차 세계대전 중에 BBC 방송을 통해
전쟁에 반대하는 소리를 냈어요.
조지 오웰을 기념한 조각상 옆에는
이런 문구가 그를 기리고 있어요.
**"자유에 어떤 의미가 있다면,
사람들이 듣기 싫어하는 것을 말할 수 있는 권리이어야 한다."**
우리는 생각을 표현할 권리와 자유가 있어요.
이제 그것을 글로 표현해 볼까요?

Q1 조지 오웰의 《동물농장》을 읽었나요? 그중에서 어떤 등장인물이 가장 인상 깊었나요? '왜' 가장 인상적이었나요?

Q2 조지 오웰의 《1984》를 읽어 보았나요? 어떤 부분이 기억에 남았나요? '왜' 그런가요?

 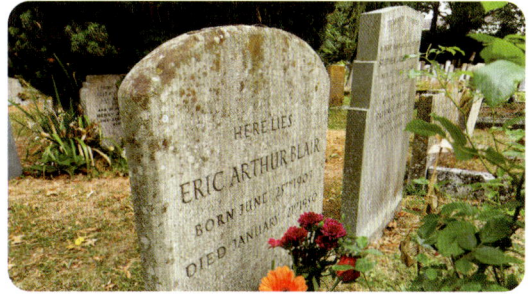

조지 오웰이 살던 런던 노팅힐의 집(좌)과 옥스퍼드 외곽의 그의 무덤(우)

조지 오웰 (George Orwell, 1903~1950)

우리는 앞에서 조지 오웰이 쓴 책을 읽고 두 가지 질문을 나눠 봤어요. 두 질문의 특징이 보이나요? 각 질문마다 '왜(why)'라는 항목이 추가되었어요. 우리가 어떤 주장을 할 때, 왜 그런지 이유를 밝히는 것을 어려운 말로 '근거(根據)'라고 해요. 근거를 토대로 우리의 생각을 확장하는 것은 '사고(思考)'라고 합니다. 5

근거를 통해서 깊이 사고하면, 우리의 생각은 분명해지고, 설득력을 가질 수 있어요. 이렇게 생각의 중요성을 강조한 작가가 조지 오웰이에요. 조지 오웰의 원래 이름은 에릭 아서 블레어(Eric Arthur Blair)였어요. 작품을 쓰기 위해서 만든 이름, 어려운 말로 '필명(筆名)'이 바로 '조지 오웰'입니다. 조지 오웰은 글쓰기를 통해 자신의 생각을 전한 작가였어요. 그가 10 쓴 많은 에세이와 《동물농장》, 《1984》 같은 작품들은 사람들에게 큰 영향을 주었어요. 명확하게 자신의 생각을 표현했고, 뚜렷한 근거를 제시했기 때문이지요.

　　조지 오웰이 자신의 생각을 강조한 이유는 무엇일까요? 우리는 자기 생각대로 행동할 때 비로소 '자유'를 느끼게 되지요. '자유'는 인간답게 살아가는 데 가장 중요한 요소예요. 그래서 《1984》나 《동물농장》에는 '자유'를 중요한 가치로 제시하고 있습니다. 권력을 가진 사람이 다른 사람들을 마음대로 지배하고 통제해서 자유를 빼앗는 것을 그는 무척 싫어했어요.

　　런던 BBC 방송국 앞에는 조지 오웰의 조각상이 있어요. 그는 제2차 세계대전 당시에 전쟁에 반대하는 활동을 했고, 그의 용기 있는 활동을 기념하기 위해 BBC 방송국 앞에 조각상이 세워져 있어요. 이제 조지 오웰의 글을 읽어 볼까요? 누군가가 다른 사람을 지배하고 자유를 억압하는 것에 대해 쓴 이 글은 조지 오웰이 젊은 시절 미얀마의 경찰로 근무했을 때의 경험을 담은 에세이입니다.

○ 조지 오웰의 조각상

　　남부 버마(미얀마)의 한 지역에서 나는 많은 사람들의 미움을 받았다. 살아오면서 남들에게 미움을 받을 만큼 내가 중요해진 건 그때가 처음이었다. 나는 막연하고 사소한 반유럽 정서가 상당히 독한 그 도시에 배속된 경찰관이었다. 누구도 소요를 일으킬 배짱은 없었으나, 유럽 여성이 혼자 시장에라도 다니면 옷에다 후추 주스를 뱉는 사람은 있을 정도였다. 나는 경찰이라 손쉬운 표적이 되었고, 안전하다

싶으면 누군가가 꼭 골탕을 먹였다. 축구장에서 날렵한 버마인이 내 발을 걸면 심판은(역시 버마인이었다) 딴 데를 쳐다봤고, 관중은 포복절도를 했다. 그런 일이 한두 번이 아니었다.

(중략)

이 모든 것들이 당혹스럽고 언짢았다. 왜냐하면 그 무렵 나는 "제국주의"가 사악한 것이니 어서 직장을 때려치우고 그로부터 멀어질수록 좋다는 생각을 이미 하고 있었던 것이다. 때문에 나는 이론적으로는(물론 남몰래 그랬다) 전적으로 버마인들 편이었고, 그들의 압제자인 영국인들을 선적으로 적대시했다. 내가 하고 있던 일에 대해서는, 내가 설명할 수 있는 그 어떤 정도보다 지독하게 혐오했다. 그런 일을 하다보면 제국의 추악한 짓거리들을 지근거리에서 보게 된다. 악취 지독한 철창에 처박혀 있는 불쌍한 죄수들, 장기 제소자들의 겁먹은 얼굴, 대나무로 매질을 당한 사람들의 터진 엉덩이. 이 모든 게 견딜 수 없는 죄책감으로 나를 짓눌렀다.

(중략)

그 순간 나는 알게 되었다. 백인이 폭군이 되면 폭력을 휘두르고 말고는 자기 마음이지만, 백인 나리라는 상투적인 이미지에 들어맞는 가식적인 꼭두각시가 되고 만다는 것을 말이다. 언제나 '원주민'에게 강한 인상을 심어주기 위해 안달하고, 그래서 위기가 닥칠 때마다 '원주민'이 예상하는 바대로 행동해야만 하는 게 그의 지배 조건이기 때

제국주의란?

특정국가가 다른 나라, 지역 등을 **군사적, 정치적, 경제적으로 지배하려는 정책**, 또는 그러한 것을 목적으로 하는 사상을 말합니다.

문이다. 그는 가면을 쓰고, 그의 얼굴은 가면에 맞춰져 간다.

– 조지 오웰의 《코끼리를 쏘다》 중에서, 한겨레출판사, pp.31-38

조지 오웰은 자신의 에세이에서 '**제국주의**'를 반대했어요. 그 당시 영국은 버마(지금의 미얀마)를 지배했고, 대부분의 영국 사람들은 이것을 당연하다고 생각했어요. 이 글을 읽고, 조지 오웰이 왜 제국주의를 반대했는지 그 이유를 말해 볼까요?

('왜냐하면'을 써서)

조지 오웰과 함께 하는 퀀텀쓰기, 사고하기

우리는 앞에서 '근거'에 대해서 살펴보았어요. 근거는 우리의 주장에 설득력을 더합니다. '왜' 혹은 '왜냐하면'을 통해서 적절한 근거를 제시하면 그 주장은 더 강한 힘을 갖습니다. 근거를 제시하는 '사고하기', 연습해 볼까요?

 어떤 주장을 하기 전에 근거를 생각한 후에 말하는 습관을 길러 보세요. 우리의 생각이 훨씬 더 선명해질 거예요.

돼지들은 동물농장에 동물주의의 원리를 7계명으로 정리했다. 그 계명들은 농장에서 누구나 볼 수 있도록 글씨로 쓰였다. 7계명은 다음과 같았다.

1계명. 두 다리로 걷는 것은 무엇이든 적이다.

2계명. 네 다리로 걷거나, 날개가 있는 것은 무엇이든 친구다.

3계명. 어떤 동물도 옷을 입어서는 안 된다.

4계명. 어떤 동물도 침대에서 자서는 안 된다.

5계명. 어떤 동물도 술을 마셔서는 안 된다.

6계명. 어떤 동물도 다른 동물을 죽여서는 안 된다.

7계명. 모든 동물들은 평등하다.

며칠 뒤, 신기하게도 몇몇 계명은 다음과 같이 바뀌어 있었다.

4계명. 어떤 동물도 "시트가 깔린" 침대에서 자서는 안 된다.

5계명. 어떤 동물도 "지나치게" 술을 마셔서는 안 된다.

6계명. 어떤 동물도 다른 동물을 "이유 없이" 죽여서는 안 된다.

— 조지 오웰의 《동물농장》 중에서

✿ 출처: 아틀라스 뉴스
(동물농장 애니메이션의 한 장면 /비디오 캡쳐)

 《동물농장》에는 7개의 계명이 언급되었는데, 며칠이 지난 뒤에 돼지들은 각 계명을 약간 바꾸었어요. 만일 앞의 지문처럼 바뀐다면 4, 5, 6계명은 그 의미가 어떻게 변하게 될까요? 왜 그런가요? 그 이유를 말해 볼까요?

('왜냐하면'을 써서)

4, 5, 6계명이 이렇게 바뀌게 된다면 어떤 결과가 예상되나요?

('왜냐하면'을 써서)

국어 선생님 원포인트 특강, 글쓰기 1단계

📖 마인드맵으로 글의 '개요' 만들기

　운전할 때, 목적지를 찾아가기 위해서 우리는 GPS를 씁니다. 마찬가지로 배가 항해할 때, 목적지까지 안내해 주는 것은 나침반입니다. GPS나 나침반이 없다면 어떻게 될까요? 글을 쓸 때도 나침반이 없으면 글은 산만해지고 생각을 제대로 전달할 수 없을 거예요. 우리가 왜 글을 쓰는
5 지 명확한 근거를 제시하는 것은 이러한 나침반의 역할을 합니다.

　예를 들어 '자유'에 대한 글을 쓰려고 할 때, 내가 무엇을, 왜 쓰려고 하는지 방향이 없다면 그 글은 산만해질 거예요. 어떤 사람들은 방향이 없어도 '쓰다 보면' 결론을 발견할 수 있을 거라고 말해요. 만약 30% 정도의 글을 쓰다가 나의 생각이 명확해진 후에 나머지 70%의 글을 써서
10 완성한다면 어떨까요? 분량은 채울 수 있겠지만, 앞부분의 30%는 흐름에 맞지 않는 글이 될 거예요.

　그래서 글을 쓰기 전에는 '내가 왜 글을 쓰려고 하는지' 생각을 정리해서 방향을 정해야 해요. 이렇게 생각을 기반으로 글의 방향을 정하는 것을 '마인드맵'이라고 합니다. 마인드맵을 습관화하면 좋은 흐름의 글을
15 쓸 수 있어요.

　생각의 방향을 마인드맵이라고 한다면 글을 표현하는 순서, '서론, 본론, 결론'의 구성을 '개요'라고 해요. 마인드맵은 내 머릿속에 있는 생각이고, 개요는 다른 사람들이 보는 글의 순서예요.

그렇다면 우리가 글을 쓰기 전에 해야 하는 순서는 아래와 같아요.

	내 머릿속 생각 마인드맵	보여주는 글 개요
서론	① 내 생각	④ 내 입장
본론	② 근거 (이유)	⑤ 왜냐하면
결론	③ 방향	⑥ 그래서?

이 순서가 글을 쓰는 과정이에요. 먼저 마인드맵(①, ②, ③)에 글의 흐름을 메모해서 작성한 후, 개요(④, ⑤, ⑥)에 글을 채우면 다른 사람들이 그 글을 읽게 되는 것이에요. 즉, 마인드맵은 내 머릿속의 영역이고, 개요의 글은 시험 답안지나 노트에 표현한 결과가 되겠죠.

절대로 펜을 들고 바로 글을 쓰지 마세요. 마인드맵을 통해 생각을 정리해야 글로 표현할 수 있어요. 글쓰기는 ①~⑥번의 순서대로 실행하게 됩니다.

쓸 내용에 대해서 **① 나는 어떤 생각을 하고 있는지, ② 왜 그렇게 생각하는지** 이유를 생각해서 적고, **③ 대안이나 해결책을 적어 보는** 거예요. 이것을 노트나 메모지에 쓸 수 있어요. 시험을 보고 있다면 문제지 여백에 표시를 한 후에 서론, 본론, 결론의 글쓰기를 시작합니다.

글쓰기 개요는 **④ '내 입장'**에서 내 생각을 밝히고, **⑤ '근거'**에서 그 **이유를 제시하며, ⑥ '결론'**에서 질문의 **해결책이나 방향**을 말하게 됩니다.

마인드맵은 개요를 위한 중요한 단계입니다. 아래 그림을 살펴보면서 글쓰기 연습을 시작해 봅시다.

클로드 모네, <웨스트민스터 다리 아래를 지나는 템즈강(1871)>, 런던 내셔널갤러리

  1871년에 화가 모네가 런던의 웨스트민스터 다리 위에서 본 템즈강과 런던의 모습이에요. 어떤 느낌이 드나요?

  1871년의 영국은 산업혁명을 성공시킨 이후 전 세계에서 가장 강력한 나라가 되었어요. 그림 속 런던은 운치 있는 모습이지만 모네가 본 런던은 공장의 '매연'과 '안개'가 합쳐져서 '스모그'로 오염된 도시였어요. 공기는 스모그로 혼탁했고, 강물은 오염돼서 평균 수명도 지금과는 비교할 수 없을 정도로 짧았던 시기였어요. 영국은 산업발달에 필요한 넓은 시장(식민지)을 가지고 풍부한 자본, 자원, 노동력을 구비하여 가장 먼저 산업 혁명을 이루었어요. 이를 바탕으로 경제적 번영을 이루며 정치, 사회적으로도 안정된 국가가 되었답니다.

산업혁명은 18세기 후반부터 19세기에 걸쳐 중요한 사회적, 경제적 변화를 불러왔어요. 이 변화는 많은 긍정적인 효과를 가져왔지만, 동시에 여러 부정적인 영향도 끼쳤지요.

아래는 산업혁명의 긍정적인 효과와 부정적인 효과를 요약한 내용입니다.

여러분은 산업혁명이 전반적으로 긍정적이었다고 생각하나요? 아니면 부정적이었다고 생각하나요?

긍정적인 영향	부정적인 영향
생산성 향상: 기계의 도입으로 대량생산 가능	**노동조건 악화**: 공장에서 장시간, 저임금 노동 일반화
기술혁신: 새로운 기술과 발명품 등장	**환경오염 증가**: 대규모 산업 활동으로 인한 오염 심각
교통및 통신의 발달: 철도, 증기선 등으로 빠른 이동	**사회적 불평등 심화**: 자본가와 노동자 간 경제적 격차 확대
도시화와 경제 성장: 도시 발달과 경제 성장 가속화	**전통 산업의 쇠퇴**: 새로운 산업 발달로 수공업 쇠퇴
생활 수준 향상: 대량생산으로 인한 가격 하락과 다양한 상품 출현	**도시 문제**: 급속한 도시화로 주거·위생 문제, 범죄 증가

산업혁명이란?

18세기 후반 영국에서 시작된 **사회, 경제 구조의 획기적인 변화**를 일컫는 말입니다. 18세기 중반에서부터 19세기 초반까지, 약 1760년에서 1820년 사이에 **영국**에서 시작된 기술의 혁신과 새로운 제조 공정(manufacturing process)으로의 전환, 이로 인해 일어난 사회, 경제 등의 큰 변화를 일컫는다. **섬유산업**은 현대의 생산 방법을 처음으로 사용했다. 산업혁명은 후에 전 세계로 확산되어 세계를 크게 바꾸어 놓게 된다.

마인드맵은 다른 사람들에게 보여주는 것이 아니라 글을 쓰기 위해 내 생각을 혼자 정리하는 것이니 **위의 표에 있는 '긍정적인 영향 및 부정적인 영향'을 참고해서,** 아래 예시처럼 연습해 보세요.

	마인드맵	개요
서론	① 내 생각 나는 산업혁명이 부정적인 면이 더 많다고 생각한다.	④ 내 입장 인간성을 파괴해서 얻은 경제와 산업의 발전을 우리는 옳다고 생각할 수 없다.
본론	② 근거 (이유) 산업 발전을 위해 많은 노동자가 비참한 생활을 했기 때문이다.	⑤ 왜냐하면 왜냐하면 많은 노동자가 인간 이하의 생활로 기계의 부속품이 되었기 때문이다. 산업혁명이 누구를 위한 것인지 따져봐야 한다.
결론	③ 방향 많은 사람들을 불행하게 해서 얻은 발전이 어떤 의미가 있을까? 많은 사람들이 행복하게 만드는 것이 진정한 발전이 아닐까?	⑥ 그래서? 기술이 발달되는 만큼 불행과 고통으로 신음하는 사람들을 배려하는 것이 진정한 발달이라고 생각한다.

[마인드맵]

① **내 생각** ➡ 나는 산업혁명의 긍정적인 면에 공감하나요? 아니면 부정적인 면에 더 공감하나요? 나의 생각을 정합니다.

② **근거** ➡ 왜 그런 생각을 가지게 되었는지 이유를 찾아보세요.

③ **방향** ➡ 어떻게 하면 좋을지 해결 / 대안 방안을 제시하며 글을 잘 매듭지어 줍니다.

이렇게 마인드맵을 작성한 후 글을 쓰기 시작해 봅니다.

여러분은 다음 항목에 대해서 어떻게 생각하나요?

④ 서론 : 나는 산업혁명의 [긍정적 효과 or 부정적 효과]에 더 공감한다.
➡ _____
_____
_____

⑤ 본론 : 왜냐하면 그 이유는 ~하기 때문이다.
➡ _____
_____
_____
_____
_____
_____

⑥ 결론 : 그래서 ~ 해야 한다.
➡ _____
_____
_____
_____

이제 여러분의 생각을 마인드맵으로 표현해 볼까요?

	마인드맵	개요
서론	① 내 생각	④ 내 입장
본론	② 근거 (이유)	⑤ 왜냐하면
결론	③ 방향	⑥ 그래서?

여러분은 대단히 어려운 일을 잘 마쳤어요. 글을 쓴다는 것은 정말 어려운 작업이거든요. 그것보다 더 어려운 일은 논리적으로 글을 써서 내 생각을 설득력 있게 표현하고, 누군가를 행동에 옮기도록 하는 일이랍니다. 글쓰기의 기본은 내가 어떤 방향(결론)으로 써 나갈지 마인드맵을 통해 글을 구상하고 개요를 만드는 거예요. 결국 글을 쓰는 것도 생각을 통해서 나오는 것! 글쓰기에서는 우리의 '생각'이 중요합니다.

 ## 조지 오웰과 함께 실전 글쓰기

조지 오웰은 어느 작가보다도 우리가 자유를 누리며 살아갈 수 있기를 원했던 작가였어요. '자유'는 조지 오웰의 작품에서 가장 중요한 단어이지요. 특히 부당함에 대해 표현하고 저항할 수 있는 자유를 중요하게 생각했어요. 다음은 《1984》의 한 부분이에요. 한 번 읽어 볼까요?

신어(新語, Newspeak)는 우리의 공식 언어로 영사(Ingsoc), 혹은 영국 사회주의의 이념적 필요에 의해 고안되었다. 1984년에는, 아직까지 누구도 말하거나 쓰는 어느 쪽으로든 신어를 유일한 소통 수단으로 사용하는 이는 없었다. 신문 사설이 신어로 쓰이기는 했지만, 아직까지는 전문가에 의해서만 수행될 뿐이었다. 신어는 2050년 무렵에 우리의 언어를 대체하게 될 것이다.

신어의 목적은 이 세계 사람들에게 적합한 세계관과 정신적 태도를 위한 표현 매개를 제공하는 것이다. 아울러, 모든 다른 사고방식을 불가능하게 만들려는 데 있다.

앞으로 신어가 사용되고, 구어가 없어지면, 이단적이거나 불순한 사고가 불가능해질 것이라는 의도에서다. 예를 들어 보자. 단어 "자유로운(Free)"은 구어와 신어에 모두 존재한다. 그러나 신어에서는

"~이 없다"라는 뜻으로만 사용될 것이다. '이 개는 벼룩이 없다(free)', 혹은 '이 풀밭에는 잡초가 없다(free)' 라는 상황에만 사용할 수 있다. 이렇게 신어가 만들어진 후에 태어난 사람들에게 "정치적 자유", "언론의 자유"라는 개념은 더 이상 존재하지 않으며, 따라서 입에 담을 필요도 없게 된다.

5

— 조지 오웰의 《1984》 중에서 (저자 편집)

[신어사전]
free
1. ~~자유로운~~
2. ~이 없다

 《동물농장》에서 돼지는 다른 동물들의 자유를 빼앗았어요. 만일, 앞의 글처럼 '자유'라는 단어의 의미가 바뀐다면, 동물들은 어떻게 '자유'를 되찾을 수 있을까요? 여러분의 생각을 써 볼까요?

	마인드맵	개요
서론	① 내 생각	④ 내 입장
본론	② 근거 (이유)	⑤ 왜냐하면
결론	③ 방향	⑥ 그래서?

1과 《동물농장》의 작가 조지 오웰처럼 사고하기 | 31

조지 오웰의 문장 다시 보기

전쟁의 진실이 존재할까? 왜냐하면 전쟁은 언제나 승자의 기록이기 때문이다. 연합국이 기록한 전쟁과 독일 나치가 기록한 전쟁 사이에는 어떠한 공통점도 없다. 누구의 기록이 '진실'로 남겨질지는 역사적 증거가 아니라 전투의 결과가 결정할 것이다. 히틀러가 이긴다면 그가 저지른 폭격과 학살은 없었던 일로 기록될 것이고, 히틀러가 패배한다면 그의 만행이 진실로 기록될 것이다. 어떤 것이 역사로 남을지는 물리적인 싸움의 결과가 결정하게 된다.

나는 우리가 전쟁에서 승리해야 하는 이유가, 적어도 우리가 전쟁에서 이기면 적보다 거짓말을 적게 할 것이기 때문이라고 분석한 바 있다. 이렇듯 '전체주의'가 정말로 무서운 이유는 그들이 잔혹 행위를 저지르기 때문이 아니다. 전체주의는 객관적인 사실의 존재 자체를 부정한다. 과거만 통제하는 것이 아니라 미래도 통제하려 든다.

- 조지 오웰, 《더 저널리스트》, 한빛비즈, pp.93~96

 이 문장을 소리 내어 읽어봅시다. 이 글을 읽고, 무엇을 생각했는지 이야기 해 볼까요?

2과

《로빈슨 크루소》의 작가
다니엘 디포처럼
분석하기

영국 서부의 항구 도시 브리스톨은 영국 역사에서 중요한 도시예요. 영국 역사의 여러 흔적을 간직하고 있지요. 위의 사진에 나온 한 펍(영국식 카페)은 로버트 루이스 스티븐슨의 《보물섬》에 나오는 여관의 모델이 된 곳이에요. 또, 이곳에서 다니엘 디포는 《로빈슨 크루소》의 영감을 받았어요. 다니엘 디포는 《로빈슨 크루소》를 통해 무엇을 말하고 싶었을까요?

다니엘 디포의
작품 속으로

Q1 여러분은 《로빈슨 크루소》 이야기를 읽었나요? 어떤 부분이 인상적이었나요?

Q2 《로빈슨 크루소》 이야기를 통해서 작가는 당시 영국 사회에 무엇을 말하고 싶었을까요?

런던 번힐필드에 있는 다니엘 디포의 무덤(좌)과 《로빈슨 크루소》의 실제 모델이 된 인물의 조각상(우)

다니엘 디포 (Daniel Defoe, 1660~1731)

한 작품이 이 세상에 태어나기까지는 많은 과정이 필요해요. 작가의 경험과 여러 사건이 맞물려야 하고, 작가에게 영감이 떠오른 후에야 펜을 들고 글을 쓸 수 있기 때문이지요. 《로빈슨 크루소》는 다니엘 디포의 대표적인 작품이에요. 당시 영국에서는 알렉산더 셀커크(Alexander Selkirk)라는 선원이 무인도에서 표류하다 살아서 돌아온 이야기가 유명했어요. 다니엘 디포는 이 이야기에서 영감을 얻어 브리스톨에 있는 슬란도거 트라우(The Llandoger Trow)라는 펍에서 《로빈슨 크루소》 이야기를 구상했어요.

다니엘 디포는 주인공이 무인도에서 살아 돌아온 '모험 이야기'를 쓰려고 했던 것이 아니었어요. '로빈슨 크루소'라는 인물을 통해 영국 사회에 전하고 싶었던 분명한 메시지가 있었어요. 영국 사람들이 악한 행위를 그만두고 선하게 살아가기를 바라는 마음으로 쓴 이야기였죠.

무인도에서 생존하는 과정이라든지, 프라이데이를 가르친 과정에 작가의 그런 의도가 스며들어 있어요.

여러분은 '청교도'라는 말을 들어봤나요? 청교도는 영국에서 독실한 기독교인을 의미해요. 다니엘 디포는 청교도 가문에서 태어났고, 젊은 시절 성직자가 되고 싶었을 만큼 독실한 신앙을 가진 인물이었어요.

《천로역정》을 쓴 존 번연(John Bunyan, 1628~1688), 《실낙원》을 쓴 존 밀턴(John Milton, 1608~1674)과 함께 다니엘 디포를 "청교도 문학가"라고 해요. 청교도 문학은 글을 통해 영국이 윤리적으로 더 나은 사회가 되기를 희망하는 목표를 가졌어요. 청교도 문학을 꽃피운 다니엘 디포와 존 번연은 지금까지 런던의 같은 묘지에 잠들어 있답니다.

다니엘 디포가 《로빈슨 크루소》를 쓰기 전에 발표했던 《전염병 연대기》라는 작품을 살펴볼까요? 1665년 런던에는 대규모 전염병이 유행했어요. 아래의 글은 런던의 전염병을 다니엘 디포가 묘사한 장면입니다. 이 글을 읽으면서 우리가 경험한 '코로나19'와 어떤 면이 비슷하고, 어떤 면이 다른지 생각해 볼까요?

아직 회복도 안 된 환자를 내팽개치고 도망간 의사들이 있었다. '도망자'라는 오명은 그런 자들에게 붙여야 할 별명이다. 그들의 집 현관에는 전단이 뿌려져 있었는데, 거기에는 다음과 같은 문구가 적혀 있었다.

'이 집에 사는 의사를 빌려 드립니다.'

의사와 마찬가지로, 도망간 목사들도 있었다. 그들은 공포에 떠는 사람들을 위로하거나, 장례식을 해 주어야 하지만 자신의 안전 때문에 사라져 버렸다. 그런 목사들에 대한 시민들의 실망은 대단했다. 그들의 교회 입구에는 다음과 같은 낙서가 쓰어 있기도 했다.

'설교단 판매함', '대신 설교해 드립니다.'

그러나 많은 목사들은 물론 의사, 약사, 공무원, 시민들이 전염병 속에서도 얼마나 헌신적으로 활동을 했으며, 생명의 위험을 무릅쓰고 활약했는지를 기록에 남겨 놓아야 한다고 생각한다. 우리가 전염병을 이길 수 있는 것은 자신들의 생명을 걸고, 맡은 임무를 완수한 사람들 덕분이라는 것을 잊어서는 안 될 것이다.

또한 경찰관, 소방관, 하급 관리, 간호사들 역시 최선을 다해서 빈민들을 도왔던 것을 말하고 싶다. 그들이 보여준 용기야말로 우리가 전염병을 이기는 큰 힘이 되었다는 것을 우리는 알아야 한다.

지난날의 재난을 잊는 일 없이 서로 관용의 미덕을 거울삼아 어떻게 이런 재난에 대비해야 하는지 생각해야 한다. 우리가 싸워야 하는 대상은 가난과 질병이지, 가난한 사람들과 질병에 걸린 사람들이 아니다.

– 다니엘 디포의 《전염병 연대기》 중에서 (저자 편집)

Q1 위의 글을 읽으면서 우리가 경험했던 '코로나19'와 비교하면 어떤 점이 비슷한가요? 다니엘 디포는 위의 글을 통해서 영국 사회에 무엇을 말하고 싶어 하는 것 같나요?

다니엘 디포와 함께 하는 퀀텀쓰기, 분석하기

분석이란 어떤 것을 자세히 보고, 이해하기 위해 그것을 여러 조각으로 나눈 것을 말해요. 예를 들어, 큰 그림을 보기 위해 그림에 그려진 작은 점들을 하나하나 살펴보는 것과 같아요. 이처럼 글쓰기에서 '분석하기'란 글에 대해 깊이 생각하고 이해하는 거예요. 이것은 마치 탐정이 되어 사건을 해결하는 것과 같지요. 글에 있는 중요한 단어나 문장을 찾아보고, 작가가 왜 그렇게 썼는지 생각해 봅시다. 글의 주제가 무엇인지, 주인공이나 다른 인물들이 왜 그런 행동을 하는지 살펴보는 것이지요. 이렇게 하면 글의 의미를 더 잘 이해할 수 있고, 우리 자신의 생각도 글로 잘 표현할 수 있답니다.

다니엘 디포의 《로빈슨 크루소》에는 이런 내용이 있어요. 주인공 로빈슨 크루소가 무인도에 표류했을 때 디포는 이렇게 묘사하고 있어요.

> 섬에 상륙한 지 상당한 시간이 흘렀고, 나는 여전히 할 일이 많았다. 내가 이 섬에 도착한 날부터 보냈던 생활에 대해 다음과 같은 기록을 해서 비교해 보기로 했다. 내용은 다음과 같다.
>
> 　나쁜 점 : 구조될 가망도 없이 나는 무인도에 혼자 있다.
>
> 　좋은 점 : 그러나 나는 아직 살아 있고, 배에 있던 모든 사람들 중 유일한 생존자라는 것을 생각해야 한다.

나쁜 점 : 나는 세상에서 버림받았고, 매우 불행하게 살아갈 수 밖에 없다.

좋은 점 : 그러나 선원들 가운데 내가 유일한 생존자다. 나를 죽음에서 구해 주신 하나님께서 이곳에서도 나를 구할 수 있을 것이다.

나쁜 점 : 나는 사람들의 위로도 받지 못하고 매우 고독하게 살아야 한다.

좋은 점 : 내가 살아가도록 허락된 장소에서 나는 생명을 유지할 수 있다.

나쁜 점 : 사람의 목소리를 들을 수 없다.

좋은 점 : 자비로운 하나님께서 난파선을 통해 필요한 물건을 가질 수 있게 해 주셨다.

– 다니엘 디포의 《로빈슨 크루소》 중에서, 대교, pp.75-77.

만일 여러분들이 무인도에 로빈슨 크루소처럼 혼자 살아남았다면 어떤 기분일까요?

로빈슨 크루소가 제시한 좋은 점과 나쁜 점 중 어떤 것이 더 와닿나요?

우리가 로빈슨 크루소라면 어땠을지 좋은 점과 나쁜 점을 3개씩
5   써 볼까요?

좋은 점	나쁜 점
①	①
②	②
③	③

무인도에서 혼자 살아남은 것의 좋은 점과 나쁜 점을 비교하면서 여러분은 어떤 결론을 낼 수 있을까요? 무인도에서 살아남은 것은 좋은가요, 나쁜가요? 하나를 선택해 보세요.

➡

이렇게 우리의 주장을 표현하기 위해서는 **우리 머릿속에서 생각을 잘 정리하는 것이 중요해요. 이것은 마치 퍼즐 조각을 맞추는 것처럼, 우리가 무엇을 말하고 싶은지, 왜 그렇게 생각하는지를 차근차근 생각해 보는 것이지요.** 이러한 분석을 통해서 내가 주장하는, 내 생각의 근거를 정확하게 설명할 수 있어요. 근거가 분명해야 다른 사람을 설득할 수 있기 때문이지요. 내 입장을 밝히기 전에 머릿속에 떠오르는 다양한 생각을 분석해서 그 이유를 세 가지로 추려낸 후, 그것을 근거로 제시하면 설득력 있는 이야기를 전할 수 있어요.

그럼, 직접 해 볼까요? 다니엘 디포의 《전염병 연대기》처럼 우리도 '코로나19'라는 팬데믹을 경험했어요. 여러분은 어떤 기억을 가지고 있나요? 전염병이 우리에게 어떤 영향을 끼쳤는지 한 번 적어볼까요?

코로나19의 긍정적인 영향	코로나19의 부정적인 영향
①	①
②	②
③	③

코로나19의 좋은 영향과 나쁜 영향 중 어떤 면을 더 크게 느꼈나요?

➡ _____
_____
_____
_____

 우리가 전염병에 대해 좋은 영향과 나쁜 영향을 구분해서 말할 수 있는 이유는 위에서 제시한 근거 때문이에요. 분석을 통한 근거가 확실하면 확실할수록 우리의 주장은 설득력이 생기지요. 설득력이 커지면 그 사람은 글을 통해 세상에 더 많은 영향력을 미칠 수 있게 된답니다.

국어 선생님 원포인트 특강, 글쓰기 2단계

📖 **내 글을 '글 맛집'으로 만드는 방법, '서론' 쓰기**

　글을 쓰기 전에 반드시 마인드맵을 통해 머릿속 생각을 정리해야 좋은 글을 쓸 수 있어요. 아래 표를 기억하나요? 마인드맵을 통해 내가 쓰려는 방향을 정하고 근거를 통해 글을 쓸 수 있는 '글감'을 확보하게 되지요. 마인드맵에서 정리된 생각은 좋은 글로 이어지게 됩니다. 가장 기본적인 구조는 서론 한 문장, 본론 세 문장, 결론 한 문장으로 이루어진 다섯 문장이에요. 앞에서 다니엘 디포와 '분석하기'에서는 3개의 근거를 제시하는 방법을 배웠어요. 3개의 근거는 본론의 세 문장으로 표현될 수 있어요. 본론의 세 문장은 아래의 파란색으로 표현된 첫째, 둘째, 셋째의 근거로 표시될 수 있어요.

	마인드맵	개요
서론	① 내 생각	④ 내 입장 멋진 리드문 만들기
본론	② 근거 (이유)	⑤ 왜냐하면 첫째…… 둘째…… 셋째……
결론	③ 방향	⑥ 그래서? 어떻게 해야 할까?

이렇게 다섯 문장의 개요로 이루어진 글은 읽는 사람에게 안정적인 느낌을 줍니다. 내 글을 식당에 비유해 볼까요? 세 개의 근거는 좋은 '요리'로 표현할 수 있어요. 그 요리를 매력적으로 제시한다면 그 식당은 '맛집'이 될 수 있어요. 우리의 글이 '그저 그런 식당'으로 남을지, '맛집'이 될지는 첫 문장에 달려 있어요. 첫 문장을 평범하게 쓴다면 독자들은 나머지 글을 읽을 때 지루함을 느끼지요.

신문에는 많은 기사가 있어요. 첫 문장에서 독자의 마음을 사로잡지 못하면 기사를 끝까지 읽지 않아요. 그래서 기자들은 첫 문장인 '리드문(lead)'에 모든 노력을 기울입니다. 내 글이 사람들의 호기심을 잡으려면 리드문처럼 멋진 서론을 쓰는 연습을 해야 해요.

그럼 무인도에서 혼자 살아남는 것이 좋을지, 나쁠지 내 생각을 어떻게 표현할 수 있을까요?

① 내 생각 (마인드맵)	무인도에서 혼자 살아남는 것은 나쁘다.
④ 내 입장 (개요)	나는 무인도에서 혼자 살아남은 것은 좋지 않다고 생각한다.
④-1 서론 고치기	인간은 사회적인 동물이다. 사회에서 단절된다면 '인간'의 존엄성을 발휘할 수 없다.

분석을 통해 ① 내 생각을 마인드맵으로 정리했고, 서론에서 ④ 내 입장을 표에서 파란색으로 제시했어요. 그런데 파란색 글은 너무 평범하죠? 그래서 ④-1 리드문처럼 서론을 빨간색 글자로 고쳤어요. 여러분이

글을 읽는 독자라면 파란색과 빨간색 중에 어떤 글에 더 호기심이 생길까요? 그 이유는 무엇일까요?

이렇게 개요와 리드문은 내 글을 더 돋보이게 해 준답니다.

그럼 이런 방법으로 여러분도 멋진 글을 써봅시다.

여러분의 입장은 어떤가요? 반려동물을 먹어도 될까요?

요즘도 강아지나 고양이 같은 반려동물을 먹는 사람들이 있어요. 물론, 다양한 의견이 있을 수 있겠죠. 어떤 사람들은 반려동물은 인간과 가장 가깝게 공감하는 가족 같은 동물이라 먹으면 안 된다고 생각해요. 반대로 어떤 사람들은 소나 돼지, 닭고기를 먹는 것과 반려동물을 먹는 것이 무엇이 다르냐고 반박할 수도 있어요. 여러분의 생각은 어떤가요? 여러분의 생각을 표현하고, 그 이유를 3가지 제시해 볼까요?

5

10

디포의 《로빈슨 크루소》에서 로빈슨 크루소가 만났던 프라이데이는 식인종이었는데요, 주인공은 같은 원주민에게 잡아먹힐 뻔한 프라이데이를 구해주고, 자신의 종으로 삼습니다. 과거 우리나라의 개를 먹는 풍습은 다른 나라 사람들에게 왜곡된 모습으로 보여집니다. 이와 관련하여 반려동물을 먹는 풍습에 대해 다양한 의견이 있을 수 있습니다.

	마인드맵	개요
서론	① 내 생각 반려동물을 먹는 것에 대해서 찬성 vs 반대	④ 내 입장 내 입장은 어떤가요? 리드문으로 바꾸세요.
본론	② 근거 (이유) 그 이유를 써 볼까요?	⑤ 왜냐하면 (왜냐하면) 첫째, 둘째, 셋째 (3가지를 제시하세요.)
결론	③ 방향 적절한 해결책을 제시해요.	⑥ 그래서? 그래서 어떻게 하면 좋을까요?

이렇게 마인드맵과 개요를 세워 보았어요.

그리고 여러분만의 멋진 리드문으로 서론을 바꿔 볼까요?

	마인드맵	개요
서론	① 내 생각	④ 내 입장
본론	② 근거 (이유)	⑤ 왜냐하면
결론	③ 방향	⑥ 그래서?

이렇게 작성하면 한 편의 글이 될 수 있고, 하나의 기사가 될 수 있어요.

그럼 마지막으로 글을 써 볼까요?

 **다니엘 디포와 함께 실전 글쓰기**

　　아버지가 마지막 말씀을 하시는 동안, 아버지는 목소리가 떨렸고, 눈물을 흘리셨다. 그래도 나는 집을 떠나기로 마음을 먹었다. 그래서 어머니에게 몰래 떠나겠다고 말씀을 드렸다. 그런데 어머니는 내 말을 듣고 몹시 화를 내셨다. "아버지는 네가 하려는 일을 절대 허락하지 않으실 거다. 네가 여행하면서 겪게 될 재난을 알고 계시기 때문이야. 아버지는 너를 사랑하시기 때문에 네가 그런 불행을 겪기를 원하지 않는 거란다."

　　어머니는 내가 말한 사실을 아버지에게 모두 말씀드렸다. 그러자 아버지는 힘없이 고개를 흔들며 어머니에게 이렇게 말씀하셨다. "불쌍한 로빈슨! 부모님과 함께 있는 것이 행복인데, 녀석은 그걸 이해하지 못하고 있소. 나중에 자신이 간 길을 많이 후회하리란 것도 모르고 모험에 뛰어들다니…"

　　그렇지만 집을 떠나겠다고 결심하고 나서도 거의 일 년이란 세월이 흘렀다. 일 년 동안 나는 바다로 떠나겠다는 결심 때문에 직업 갖기를 거부한 채 부모님과 자주 말다툼을 벌였다.

— 다니엘 디포의 《로빈슨 크루소》 중에서, 대교, pp.7~12.

《로빈슨 크루소》에서 로빈슨이 무인도로 가기 전 부모님과 자주 다투는 부분입니다. 로빈슨은 뜻을 굽히지 않았고 집을 떠나온 이후로 많은 시간이 흘렀어요. 영국에 계신 부모님은 돌아가셨고, 이제 영국에 로빈슨을 아는 사람은 없어요. 한편, 섬에는 함께 농사를 짓는 충직한 친구 프라이데이가 있고, 부족함 없이 행복한 삶을 살고 있어요.

만일 여러분이 로빈슨이라면 영국으로 돌아가야 할까요, 섬에 남아야 할까요?

마인드맵을 활용하여 여러분의 생각을 표현해 봅시다.

	마인드맵	개요
서론	① 내 생각	④ 내 입장
본론	② 근거 (이유)	⑤ 왜냐하면
결론	③ 방향	⑥ 그래서?

다니엘 디포의 문장 다시 보기

일주일 뒤 나는 프라이데이와 대화를 시작했다. 프라이데이에게 하나님에 대해 말하기 시작했다.

"프라이데이, 저 위에 우리가 보는 모든 것을 창조하신 그 분이 살고 있다는 걸 알아?"

내가 하늘을 가리키면서 말했다. 그는 나를 열심히 쳐다보았다.

"그래, 프라이데이. 우리는 모두 그분께 속해 있어. 세상에서 일어나는 모든 것은 그분의 의지에 따라 생겨난 거지. 그분만이 절대적인 힘이지. 우리 모두에게 그분이 원하시는 일을 시키시지. 그분은 우리에게 모든 것을 주실 수도, 모든 것을 빼앗을 수도 있어."

그리고 나는 우리를 죄로부터 구원하고 영원한 삶을 살도록 하기 위해 이 땅에 오신 예수 그리스도에 대해 말하기 시작했다.

"예수 그리스도는 또한 우리에게 기도하는 법을 가르치기 위해 오셨지. 우리가 마음을 다해 기도한다면, 주님께서는 그분과 우리를 갈라놓는 영원한 저곳에서 우리를 칭찬하시지."

프라이데이는 점점 나보다 더 열렬한 신자가 되었다. 함께 시간을 보내는 동안 우리는 성경을 읽었다. 우리의 마음은 영국의 어느 교회에 있는 것 못지않게 하나님과 가까이 있었다.

- 다니엘 디포, 《로빈슨 크루소》, 대교, pp.230~238

다니엘 디포의 《로빈슨 크루소》를 "청교도 문학"으로 분류합니다. 이 내용을 읽어 보면서 다니엘 디포는 당시 영국 사회에 무엇을 전하고 싶었는지 이야기 해 볼까요?

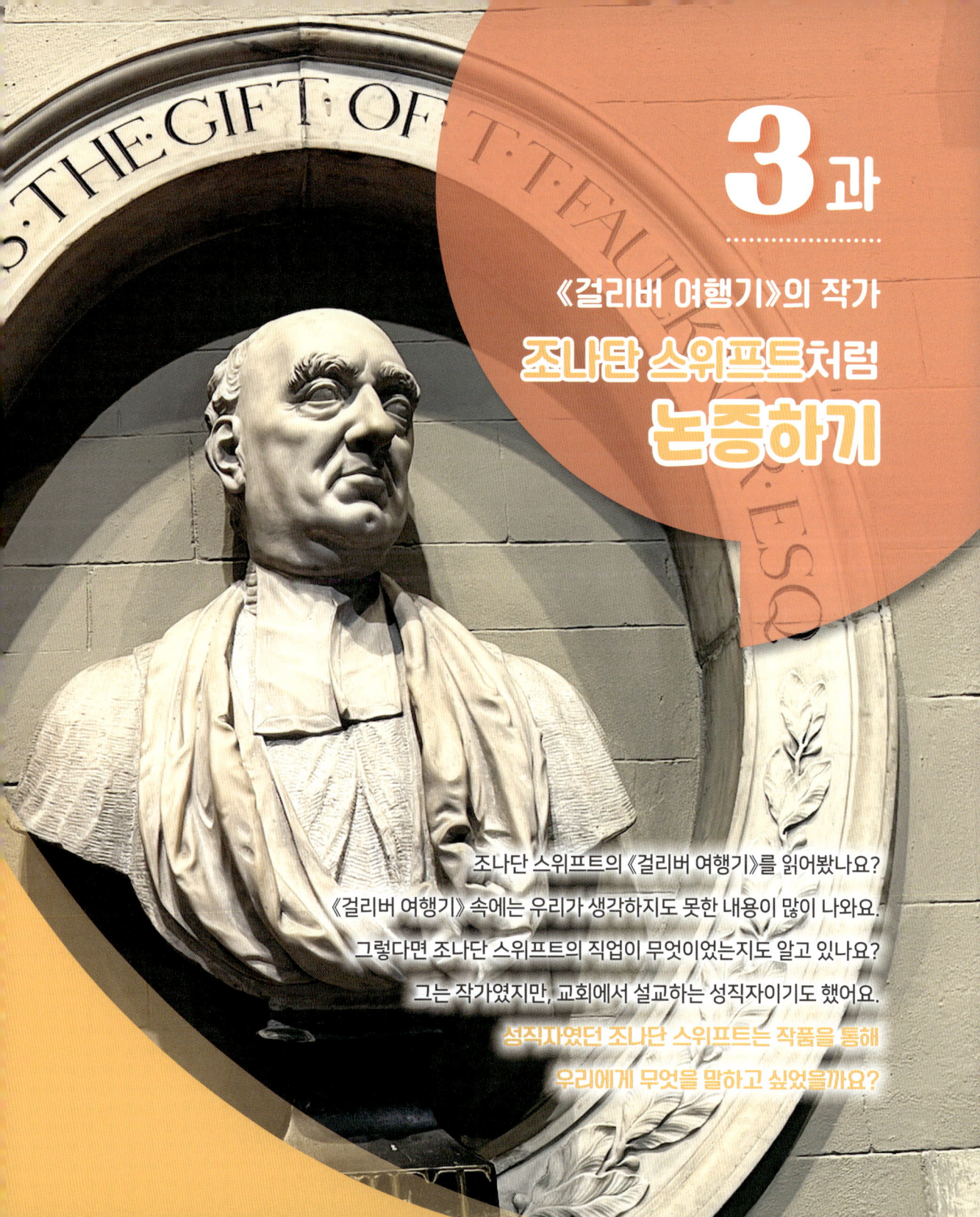

3과

《걸리버 여행기》의 작가
조나단 스위프트처럼
논증하기

조나단 스위프트의 《걸리버 여행기》를 읽어봤나요?
《걸리버 여행기》 속에는 우리가 생각하지도 못한 내용이 많이 나와요.
그렇다면 조나단 스위프트의 직업이 무엇이었는지도 알고 있나요?
그는 작가였지만, 교회에서 설교하는 성직자이기도 했어요.
성직자였던 조나단 스위프트는 작품을 통해
우리에게 무엇을 말하고 싶었을까요?

조나단 스위프트의 작품 속으로

Q1 여러분은 《걸리버 여행기》를 읽어봤나요? 어떤 부분이 인상 깊었나요?

Q2 《걸리버 여행기》의 소인국 여행기 외에 거인국 여행기, 날아다니는 섬 라퓨타, 말의 나라 여행기 등 4부로 된 전체 이야기를 읽어 봤나요? 소인국 이야기만 읽었을 때와 전체 이야기를 읽었을 때 어떤 차이가 있었나요?

더블린 성 패트릭 대성당에 있는 스위프트의 무덤(좌)과 그가 1713년부터 성직자로 있었다고 기록된 명판(우)을 볼 수 있다.

조나단 스위프트 (Jonathan Swift, 1667~1745)

조나단 스위프트의 《걸리버 여행기》는 오랫동안 사랑받은 작품이에요. 많은 사람이 이 작품을 '모험 소설'로 오해하고 있습니다. '걸리버'를 떠올리면 소인국을 방문해서 모험을 펼치는 이야기 정도로 생각하니까요. 그러나 4부로 구성된 전체 이야기를 읽으면 전혀 다르게 느끼게 될 거예요. 사회를 적나라하게 풍자한 내용으로 가득하기 때문이지요. 스위프트는 당시 영국의 부패한 정치인들을 노골적으로 풍자해서 이 책을 출판한 이후에 수배령이 내려져 숨어 지내야 했던 시기도 있었고, 이 책은 금서(禁書)로 지정되기도 했어요. 《걸리버 여행기》는 목숨을 걸고 사회의 부조리를 고발한 작품이었기에 지금까지도 크게 영향력 있는 작품으로 꼽힙니다.

조나단 스위프트는 영국인이면서 동시에 아일랜드 더블린에서 활동한 성직자였어요. 스위프트는 영국 사회의 모순된 현실, 특히 정치인들의 부

이바지하다란?
무엇에게 '도움이 되게 하다', 물건들을 갖추어 돌보아주다라는 뜻을 가지고 있습니다.

조리한 현실을 성직자의 양심으로 용기 있게 비판했어요. 아일랜드 더블린에 있는 성 패트릭 성당에는 "조나단 스위프트는 인간의 자유에 이바지했다"라고 새겨진 묘비가 있답니다.

300년 전의 작품이 우리에게 여전히 중요한 이유는 무엇일까요? 모순된 사회, 타락한 정치인들, 탐욕스러운 권력자들은 시간이 지난 지금도 변함이 없기 때문이지요. 그래서 《걸리버 여행기》는 언제나 권력을 가진 사람들에게는 눈엣가시와 같은 책이었답니다.

이제 조나단 스위프트의 작품으로 우리의 현실을 들여다볼까요? 《걸리버 여행기》는 우리 사회를 어떻게 바라보게 할까요?

정치적 거짓말은 저열한 정치꾼의 머리에서 탄생한다. 그 거짓말은 군주들에게 전달되어 번듯하게 포장된다. 정치적 거짓말이 다른 능력과 다른 점은 무엇일까? 거짓말쟁이는 매시간 만나는 여러 상황에 따라 필요한 정도의 짧은 기억만을 가지고 있으면 충분하다. 그는 만나는 사람의 성향에 따라 모순의 양극단을 오가며 맹세한다. 그는 말하는 순간마다 다른 말을 쏟아낸다. 이런 양극단의 불균형 속에서도 그는 자신이 한 말을 잊어버리고, 얼마 지나지 않아서 내놓은 말은 또다시 모순에 빠진다. 그는 결코 어떤 명제가 참인지 거짓인지 심사숙고해 본 적이 없다.

다만, 그 명제를 인정하거나 부인하는 것 중, 어느 것이 현재의 이 순간에 자신에게, 또는 다른 사람들에게 더 이로운가, 아닌가 만을 생각한다.

진리는 그 뒤를 쫓아서 절름거리며 나아갈 뿐이지만, 그럼에도 나는 진리가 끝내 승리하리라는 것을 굳게 믿는다.

– 조나단 스위프트, 《숙녀의 화장실》 중에서 p.452-456. (저자 편집)

이 글은 조나단 스위프트가 정치인들의 거짓말을 비판한 내용이에요. 정치인들은 상황과 이익에 따라 전혀 다른 말을 뱉어낸다고 꼬집고 있어요. 그렇지만 스위프트는 '진리'가 끝내 승리하리라는 것을 믿는다며 희망을 말하고 있어요.
이 글을 통해 조나단 스위프트는 사회가 어떠해야 한다고 말하고 있나요?

《걸리버 여행기》의 주인공 '걸리버'의 전체 이름(full name)은 무엇일까요? 바로 '르무엘 걸리버'랍니다. '르무엘'이라는 이름은 어디에서 왔을까요?

르무엘 왕의 잠언, 곧 그의 어머니가 그에게 교훈한 말씀이다.

너는 벙어리처럼 할 말을 못하는 사람과 더불어, 고통 속에 있는 사람들의 송사를 변호하여 입을 열어라. 너는 공의로운 재판을 하고, 입을 열어, 억눌린 사람과 궁핍한 사람들의 판결을 바로 하여라.

– 잠언 31장 1, 8, 9절

잠언 31장은 르무엘 왕을 그의 어머니가 훈계하는 내용이에요. 어머니는 르무엘 왕에게 약하고, 고통받고, 억울한 사람들을 위해 입을 열어서 정의로운 사회가 되기를 힘써 달라고 부탁하고 있어요. 조나단 스위프트 역시 '걸리버'라는 인물을 통해서 사회의 부당한 면들을 이렇게 풍자하고 있답니다.

우리의 글도 《걸리버 여행기》처럼 사회를 변화시킬 수 있지 않을까요?

조나단 스위프트와 함께 하는 퀀텀쓰기, 논증하기

　글쓰기의 핵심은 내 생각을 얼마나 설득력 있게 표현하느냐에 달려 있어요. 내 생각을 설득력 있게 만드는 것이 '근거'라고 배웠어요. 그래서 생각을 표현할 때 [서론 – 본론(근거) – 결론]의 순서로 개요를 짭니다. 이런 형식을 통해 옳고, 그름을 가리는 행위를 '논증'이라고 해요.

　개인적인 생각을 근거로 제시할 수도 있지만, '지문'을 읽고 그 안에서 근거를 찾아 제시한다면 그 글은 더욱 탄탄해집니다. 이것을 어려운 말로 '객관화(客觀化)'라고 해요. 나의 주관적인 생각(견해)보다, 지문에서 언급된 객관적인 내용을 근거로 제시한다면 훨씬 설득력 있겠죠? 그래서 글을 쓰는 것은 읽기와 쓰기를 포함한 종합적인 사고 능력이 필요하답니다.

　다음 내용을 볼까요? 고위 공직자를 뽑을 때, 여러분은 어떤 기준이 중요하다고 생각하나요? 개인적인 견해에 따라서 도덕성이, 혹은 전문성이 더욱 중요하다고 생각할 거예요. 그렇다면 《걸리버 여행기》의 저자 조나단 스위프트는 어떻게 생각하고 있는지 지문에서 찾아, 그 '근거'를 파악한 후에 이것을 토대로 객관적인 근거를 제시해 볼까요?

릴리푸트 나라에서는 모든 직업에서 사람을 채용할 때 능력보다는 도덕성에 더 중점을 둔다. 왜냐하면 그들은 보통의 능력을 갖고 있는 모든 인간은 각자에게 맞는 자리가 반드시 있다고 믿으며 몇 사람의 천재만이 할 수 있는 직업은 별로 없다고 믿는다. 그리고 모든 사람은 정의, 절제 등의 덕을 가질 수 있으며 그러한 미덕을 실천하는 사람은 누구든지, 전문적인 수련이 필요한 분야를 제외하고 국가에 봉사할 수 있는 일을 할 수 있다고 그들은 믿는다. 그렇지만 그러한 정신적인 도덕성이 결핍된 사람은 아무리 훌륭한 재능을 천부적으로 갖추었다고 하더라도 자기의 덕망의 부족을 메울 수가 없으며 그런 사람들에게 공직을 부여하는 것은 위험한 일이라고 그들은 생각한다. 그리고 덕을 갖춘 사람이 저지르는 실수는 부정 행위를 하는 데 뛰어난 사람이 저지르는 행위보다 그 해로움이 적다고 그들은 생각했다.

– 조나단 스위프트 《걸리버 여행기》 중에서, 문예출판사, p.69.

《걸리버 여행기》에서는 릴리푸트 나라의 상황을 설명하며, '천재만이 할 수 있는 직업은 몇 안 되고, 덕을 갖고 미덕을 실천할 수 있는 사람은 누구든지 국가에 봉사할 수 있는 일을 할 수 있다'고 말해요. 마찬가지로 당시 영국 사회나 현재 우리나라에도 이 주장을 그대로 적용할 수 있어요. 고위 공직자라는 위치에 오르기 위해서는 전문성을 가져야 하지만, 도덕성도 필요하겠죠?

여러분은 전문성과 도덕성 중 어떤 요소가 더 중요하다고 생각하나요? 위의 지문에서 조나단 스위프트는 어떤 주장을 했는지 파악한 후에, 그의 생각을 토대로 우리 사회에서는 무엇이 중요한지 그 이유를 3가지로 써 볼까요?

그런 후 이 글에 맞는 적절한 결론(대안)으로 마무리해 봅시다. 5

나는 고위 공직자를 뽑을 때

도덕성이 중요하다고 생각한다.	**전문성**이 중요하다고 생각한다.
(조나단 스위프트는 어떻게 표현했는지 참고해서 근거를 작성하세요.)	
왜냐하면 ➡	왜냐하면 ➡

나의 결론은?
(그래서 어떻게 하면 좋을까요?)
➡

# 국어 선생님 원포인트 특강, 글쓰기 3단계

📖 객관적인 근거를 통해 '논증'하기

이제 우리의 생각을 표현하고 논증하는 방법을 배워 볼 거예요.

	마인드맵	개요
서론	① 내 생각 나는 [전문성 or 도덕성]이 중요하다고 생각한다.	④ 내 입장 나는 [전문성 or 도덕성]이 중요하다고 생각한다. ➡ 좀 더 강렬하고 기발한 리드문으로 바꿀 수 있을까요?
본론	② 근거 (이유) [전문성 or 도덕성]이 중요한 이유는	⑤ 왜냐하면 [전문성 or 도덕성]이 중요한 이유 ➡ 객관적인 근거를 제시할 수 있을까요?
결론	③ 방향 어떤 해결책을 제시하면 좋을까?	⑥ 그래서? [전문성 or 도덕성]에 맞는 사람을 뽑아야 한다. ➡ 좀 더 좋은 대안을 제시할 수 있을까요?

우리는 앞에서 고위 공직자를 뽑을 때 [전문성 or 도덕성] 중에서 어떤 요소가 더 중요할지 생각해 보았어요. 만일 내가 '도덕성'이 더 중요하다고 생각한다면 서론은 다음과 같이 쓸 수 있을 거예요.

 서론 | 나는 공직자들이나 지도자들에게 도덕성이 더 중요하다고 생각한다.

자, 그럼 여러분은 다음 중 어떤 문장으로 시작하는 글을 더 읽고 싶나요?

(1) "노블레스 오블리주(Noblesse Oblige)",
 사회적인 신분이 높을수록 거기에 맞는 도덕성이 필요하다는 말이다.
 `속담, 격언, 명언의 인용`

(2) 좀도둑은 금고 속 돈을 훔치지만, 큰 도둑은 금고 자체를 훔친다.
 도덕성이 결여될수록 백성들이 입는 피해는 커진다.
 `상황의 비유`

(3) 역사는 나폴레옹을 위대한 인물로 기억한다. 그러나 한 독재자의 야심으로 인해 목숨을 잃은 수많은 병사들을 역사는 과연 기억할까?
 `인물의 예시`

어떤가요? 평이하게 "나는 도덕성이 중요하다고 생각한다."고 쓸 수도 있지만, 같은 내용을 이렇게 다르게 표현해 볼 수도 있어요. 한눈에 전체 내용이 들어오는 좋은 표현은 풍부한 독서를 통해 나오게 됩니다.

그렇다면 결론은 어떻게 쓸 수 있을까요? 도덕성이 중요하다는 의견에 대한 마무리를 살펴봅시다.

- 공직자를 뽑을 때, 반드시 도덕성을 확인해서 투표해야 한다.
- 지도자들이 부정과 부패를 일삼는다면 국민들이 감시할 수 있는 제도를 마련해야 한다.
- 공직자들의 도덕성을 감시하는 언론이 그 기능을 발휘해야 한다.
- 지도자들의 비리를 전담해서 수사하는 부처를 만들어야 한다.

여러 의견을 제시할 수 있지만, 적절한 대안을 제시하여 글을 마무리하면 어떨까요? 구체적인 대안을 마련한다면 글을 통해 누군가를 설득할 수도 있고, 좋은 영향력을 발휘할 수도 있어요. 우리가 제시한 근거의 출처에 따라서 글의 신뢰도가 높아질 수도 있고, 낮아질 수도 있으니까요.

5 이제 글을 직접 써 볼까요?

조셉 라이트(Joseph Wright)의 <진공펌프의 실험(1768)>, 런던 내셔널갤러리

　이 그림은 18세기 조셉 라이트가 그린 진공펌프에서 동물을 실험하는 장면이에요. 산업혁명 시기에 인류의 문명을 발전시키기 위해서 진공펌프 속에 새 한 마리를 넣어 실험했어요. 실험을 지켜보는 사람들의 표정을 볼까요? 무서워하는 딸들의 표정이 보이고, 그 딸들에게 실험을 보라고 손짓하는 아빠의 표정이 대조되지요. 신기하게 쳐다보는 사람과 무관심하게 사랑의 눈빛을 나누는 연인도 있어요. 오른편에는 실험 장면 앞에서 고뇌하는 한 남자의 옆모습이 보여요. 기술이 발전하려면 많은 실험을 통해 가설을 입증하는 것이 필요하겠죠? 자, 그렇다면 기술 발전을 위해 살아있는 동물로 실험을 하는 것은 괜찮을까요? 여러분의 생각은 어떤가요?

인류의 건강, 기술의 발전을 위해서 동물실험을 해도 될까요?

	마인드맵	개요
서론	① 내 생각 나는 동물 실험을 [찬성 or 반대] 한다.	④ 내 입장 ➡ 좀 더 강렬하고 기발한 리드문으로 바꿀 수 있을까요?
본론	② 근거 (이유) [찬성 or 반대]하는 이유는?	⑤ 왜냐하면 ➡ 객관적인 근거를 제시할 수는 있을까요?
결론	③ 방향 어떻게 하면 좋을까?	⑥ 그래서? ➡ 좀 더 좋은 대안을 제시할 수 있을까요?

조나단 스위프트와 함께 실전 글쓰기

소인국을 여행한 걸리버는 거인국을 여행하게 됩니다. 거인국에서 걸리버는 아주 작은 벌레 같은 존재가 되지요. 거인국 왕은 걸리버가 살던 '영국'에 대해서 들은 후 다음과 같이 말합니다.

"나의 조그만 친구여, 자네는 자네 조국에 대해서 칭찬했네. 고관이 될 조건은 사악한 마음씨라는 점을 입증해 주었네. 법을 악용하는 네 능력이 있는 사람이 재판관이 된다는 사실도 입증해 주었네. 자네 나라에서는 어떤 제도가 시작은 훌륭했지만 결국에는 부패로 인해서 빛이 바랜 걸로 보이네. 자네가 말한 것으로 볼 때 어떤 사람이 어떤 지위를 얻는 데는 그 방면의 학식으로 얻는 것 같지도 않고, 귀족들은 훌륭한 인격 덕분에 귀족이 되는 것 같지도 않고, 성직자들은 신앙심이나 학식으로 인해서 진급하는 것 같지도 않고, 군인은 국가에 대한 충성심으로 진급하는 것 같지도 않고, 의회의 의원들은 애국심으로써 그 자리로 올라가는 것 같지도 않네. 자네는 여러 해 동안 이곳저곳으로 떠돌아다니면서 보냈으니 자네 나라의 악에 물들지 않았으면 하네. 내가 자네 이야기를 들어보고 판단한 바로는, 자네 나라의 인간들은 자연이 이제껏 이 지구상에서 기어다닐 수 있게 만들어준 벌레들

중에서 가장 고약한 벌레들이라고 결론내릴 수밖에 없네."

— 조나단 스위프트, 《걸리버 여행기》 중에서,
문예출판사, pp 167~168.

이 글을 읽고 여러분은 어떤 생각이 드나요? 만일 거인국 왕이 이 말을 우리에게 했다면 여러분은 이 말에 동의하나요, 아니면 반대하나요? 위의 지문에 나온 조나단 스위프트의 견해를 토대로 여러분의 생각을 써 볼까요?

Q1 만약 거인국의 왕이 '나'에게 위의 글처럼 말했다면 나는 거인국 왕의 이런 말에 동의할 수 있나요?

	마인드맵	개요
서론	① 내 생각	④ 내 입장
본론	② 근거 (이유)	⑤ 왜냐하면
결론	③ 방향	⑥ 그래서?

조나단 스위프트의 문장 다시 보기

　글을 쓰는 사람들은 '찬사'와 '풍자'라는 두 가지 선택을 할 수 있다. 풍자가 항상 찬사에 비해 더 좋다는 것을 깨닫는 것은 어렵지 않다. 찬사란, 한 번에 오직 한 사람, 혹은 일부의 사람들에게만 바쳐지는 것이다. 이것은 누군가로부터 질투심을 야기시킬 수도 있고, 찬사의 근거가 진실하지 않다면 아첨의 얼굴로 변할 수 있다.

　반면, 풍자란 많은 사람들을 대상으로 하기 때문에 한 개인으로부터 원한을 사서, 그로부터 분노의 대상이 되는 일은 많지 않다. 사람들은 풍자를 이렇게 이해한다. 자신을 제외한 다른 사람들과 관련되는 것에 대해 뻔뻔스럽게 이야기하면서, 세상 사람들 모두의 어깨에 짐을 올려놓고, 자신의 짐을 벗어 버린다. 풍자를 함으로써 자기를 뺀 세상 사람들이 짐의 무게로 인해 개선해야 한다고 생각하기 때문이다.

　이 문제와 관련해서 나는 고대 아테네와 현재 영국의 차이점에 대해 깊이 생각해 본다. 아테네에서는 아무리 위대한 인물이라도, 누군가가 원한다면 대중들 앞에서 그 사람의 이름을 지칭하면서 그에게 큰 소리로 악담을 퍼부을 수 있는 것이 모든 아테네 시민들과 작가들의 타고난 권리였다. 반면, 아테네 시민들을 대상으로 비방을 할 때에는 즉시 체포되어 징벌을 받는다. 반면, 영국에서는 이와 정반대의 상황이 현실이다.

- 조나단 스위프트, 《통 이야기》, 삼우반, pp.28~29

**아테네와 영국은 어떤 면에서 다른가요?
그리고 그 차이점은 어떤 결과를 예측할 수 있는지 토론해 볼까요?**

4과

《정글북》의 작가
러디어드 키플링처럼
반증하기

런던 웨스트민스터 사원 문학가 코너에는 수많은 작가의 무덤 혹은 기념비가 있어요. 셰익스피어, 제인 오스틴, 에밀리 브론테의 흔적들이 있지요. 그 옆에는 찰스 디킨스의 무덤도 있는데, 바로 옆에는 사진에서 보는 것처럼 러디어드 키플링과 《테스》의 작가 토머스 하디의 무덤도 있어요. 키플링은 《정글북》의 작가랍니다. 작가는 이 작품을 통해서 **우리에게, 또 세상을 향해 무엇을 말하고 싶었을까요?**

Q1 여러분은 《정글북》을 읽어 봤나요? 어떤 동물이 가장 인상적이었나요?

Q2 작가 키플링은 《정글북》을 통해서 무엇을 말하고 싶어 하는 것 같나요?

런던 근교의 베이트맨즈(좌)는 러디어드 키플링이 작품 활동을 했던 저택이다.
내부에는 《정글북》 등장인물 피규어들(우)을 볼 수 있다.

러디어드 키플링 (Rudyard Kipling, 1865~1936)

　　러디어드 키플링은 1907년 영미권에서는 최초로 노벨문학상을 수상한 작가였어요. 《정글북》의 저자 키플링은 백인우월주의라는 비판을 받는 작가이기도 합니다. 실제로 키플링은 1899년에 《백인의 의무, The White Man's Burden》라는 시를 쓰면서 백인들이 아시아와 아프리카를 지배해서 야만을 물리쳐야 한다고 주장했어요. 그런 주장은 지금도 강대국이 약한 나라를 침공하는 빌미를 제공하기도 했습니다. 그래서 조지 오웰은 키플링을 가리켜 '제국주의의 선지자'라고 부르며 비판했답니다.

　　우리는 지금까지 사고하고, 비교하는 연습을 했어요. 그렇다면 키플링에 대한 이런 평가를 어떻게 이해할 수 있을까요? 백인우월주의자였기 때문에 그를 비판하고, 그의 작품을 무조건 배척해야 할까요?

백인우월주의란?
백인이 다른 인종보다 **선천적으로 우월함**을 타고났다는 인종관념이다.

《정글북》을 썼던 시기는 1907년이고, 《백인의 의무》를 쓴 것은 1899년이에요. **키플링이 활동하던 시대인 1895년부터 1910년, 15년간 세계에는 어떤 일이 일어났나요?** 키플링이 《정글북》을 쓴 시기에 여성들은 선거를 할 수 있는 참정권이 없었고, 대학에 진학하는 것도 불가능했어요. '마리(Marie)'라는 여성은 자신의 조국 폴란드에서 대학에 진학할 수 없어서 여성에게 대학 진학을 허락해 준 프랑스로 가서 유명한 과학자가 되었어요. 그녀가 바로 '퀴리 부인'이에요.

키플링 시대는 미국과 유럽이 아시아와 아프리카를 지배하기 위해 서로 경쟁을 벌이던 시기였어요. 우리나라에서는 1894년에 동학농민운동이, 1896년에는 아관파천(俄館播遷)이 일어났고, 1910년에 일제강점기가 시작됩니다. 다시 말해서, 이 시기에 백인과 남성우월주의는 당연하게 받아들여졌고, 세계는 제국주의 경쟁을 겪었어요. 이런 '정글' 같은 시대에 키플링이 《정글북》을 쓴 것이지요.

이러한 시대적인 배경을 이해한 후에 다시 읽어 본 《정글북》은 어떻게 다가오나요?

○ 마리퀴리
(Marie Curie)
1867–1934

바기라가 목구멍을 울리며 소리쳤다. "여러분, 정글의 법칙에 따르면 새로운 새끼와 관련해서 '일정한 대가'를 지불하면 살 수 있습니다. 인간의 새끼인 저 아이, 모글리는 누구라도 대가만 지불하면 살 수 있습니다. 그게 정글의 법칙이고요. 어린아이를 죽이는 것은 수치스러운 일입니다. 여러분이 정글의 법칙에 따라 저 인간의 아이를 받아들인다면 아주 통통한 황소를 드리겠습니다.

5

– 《정글 이야기》 중에서 (저자역·저자편집)

아일랜드 최고의 극작가 제임스 조이스(James Joyce)는 키플링의 《정글북》 이야기를 읽으면서 우리의 삶에 적절한 교훈을 주는 탁월한 이야기라고 극찬한 바 있습니다. '정글' 같은 세계에서 위의 이야기는 어떤 느낌을 주나요? 한 인간을 살리기 위해서 '황소'를 바친다는 **바기라의 말**은 어떤 의미로 볼 수 있을까요?

러디어드 키플링과 함께 하는 퀀텀쓰기, **반증하기**

글쓰기와 관련해서 키플링은 우리가 눈여겨봐야 하는 작가예요. 혹시 여러분은 '육하원칙'에 대해서 들어봤나요? 글을 쓰기 위해서 반드시 들어가야 하는 여섯 가지 원칙인데요, **누가(who), 언제(when), 어디서(where), 무엇(what), 왜(why), 어떻게(how)** 이렇게 기본이 되는 여섯 개의 조건을 말한답니다. 이 육하원칙을 처음 언급한 사람이 바로 키플링이에요. 그는 다음 이야기에서 여섯 가지의 원칙을 소개했어요.

I keep six honest serving-men	나에게는 6명의 정직한 하인들이 있어.
(They taught me all I knew)	(그들은 내게 모든 것들을 가르쳐 줬지.)
Their names are What and Where and	그들의 이름은 무엇, 어디서,
When And How and Why and Who.	언제, 어떻게, 왜, 누구 란다.
I send them over land and sea,	나는 그들을 땅과 바다 너머로 보낸단다.
I send them east and west	나는 그들을 동쪽과 서쪽으로 보내지.
But after they have worked for me,	그러나 그들이 나를 위해 일을 마치면,
I give them all a rest.	나는 그들에게 휴식을 준단다.

— 러디어드 키플링, 《나에게는 여섯 명의 정직한 하인들이 있어》 중에서 (저자역)

이 여섯 가지의 원칙을 토대로 글을 쓴다면 자기생각을 명확하게 표현할 수 있어요. 여러분이 직접 여섯 하인을 통해서 《정글북》의 줄거리를 완성해 볼까요?

Q1 《정글북》 이야기는?

언제	언제?	어느 무더운 날에...
어디서	장소는?	
누가	주인공은?	
	등장인물은?	
무엇을	주인공을 둘러싸고 무슨 일이 벌어지나?	
왜	왜 그 일이 벌어지는가?	
어떻게	갈등은 어떻게 해결되는가?	

1과
2과
3과
4과
5과

 **국어 선생님 원포인트 특강, 글쓰기 4단계**

📖 과감하게 '반증', '반론' 제시하기

'논증'이란, 논리적으로 자신의 주장에 대해 근거(이유)를 제시하는 것이에요. 내 주장이 옳다는 것을 밝히는 과정이지요. 앞에서는 '왜냐하면'이라는 말을 통해서 근거를 밝히는 것을 연습했어요. 이번에는 '왜냐하면' 대신 '만약에'라는 가정을 세워 내 주장을 좀 더 설득력 있게 제시해 볼 거예요. 반대로 생각해서 증명하는 것을 '반증(反證)'이라고 해요. 다음 질문에 대한 여러분의 생각은 무엇인가요?

> 모글리는 인간이기 때문에 정글을 떠나 인간 마을로 가야 한다.

이 질문에 대답하려면 어떻게 '반증', 즉 반대로 생각해 볼 수 있을까요? '만약에'를 사용해 여러분의 주장을 제시해 보세요.

a. 만약에 정글에 모글리가 없었다면 어떤 일이 벌어졌을까?

b. 만약에

c. 만약에

'반증'은 내가 주장하는 것을 반대로 생각했을 때, 상황이 얼마나 나빠질 수 있는지 역효과를 제시하는 것입니다. 반증을 통해 내 주장을 더욱 돋보이게 만드는 방법이지요. 조나단 스위프트가 '도덕성'이 중요하다고 주장했을 때의 반증을 제시해 볼까요?

조나단 스위프트는 공직자에게 '전문성'보다는 '도덕성'이 중요하다고 말했다.

[반증 : 도덕성을 중요하게 생각하지 않을 경우를 제시해 볼까요?]

(1) 만약에, 권력자들이 도덕성이 없다고 생각해 보라. 어떤 일이 벌어지겠는가?

(2) 만약에,

(3) 만약에,

앞의 3과에서 '근거'를 살펴보았어요. 근거의 '출처'에 따라 내 글이 신뢰성을 가지게 되고, 누군가를 설득할 힘을 갖게 된다고 배웠어요. 가령, 내가 '도덕성'이 중요하다고 생각한다면 '조나단 스위프트'의 생각을 인용할 수 있어요. 그러나, 아무리 전문가의 말을 인용했다 하더라도 우리가 무조건 동의해야 할 필요는 없어요.

어떤 주장에 반대하는 것을 '반론(反論)'이라고 해요. 물론 반론을 제시해서 상대방을 설득하려면 명확한 근거가 필요해요. 왜 반대하는지 명확한 이유를 제시할 수 있나요? 조나단 스위프트는 공직자에게 '도덕성'이 중요하다고 말했어요. 만일, 우리가 '전문성'을 더 중요하게 생각한다면 이에 대한 반론을 3가지 제시해 볼까요?

조나단 스위프트는 공직자에게 '도덕성'이 중요하다고 말했다. **"그러나"** 나는 반대한다.

[반론 3가지]

왜냐하면

첫째로

둘째로

셋째로

[결론]

그러므로

우리에게 적절한 근거가 있다면 권위 있는 사람의 의견에 대해서도 반론을 제기할 수 있어요. 단, 논리적으로 생각해서 표현하는 것이 중요하겠죠?

 ## 키플링과 함께 실전 글쓰기

이제 우리의 주장을 말해 봅시다. 모글리는 정글에서 자라왔기 때문에 정글에 남아야 할까요, 인간이기 때문에 인간 사회로 돌아가야 할까요?

마인드맵부터 작성해 봅시다.

	마인드맵	개요
서론	① 내 생각 모글리는 인간 사회로 돌아가야 한다? 찬성 vs 반대	④ 내 입장
본론	② 근거 (이유) 찬성 vs 반대	⑤ 근거 (이유) 만약에
결론	③ 방향 어떻게 해야 할까	⑥ 그래서? 그래서 어떻게 하면 좋을까?

본론에서 근거를 제시할 때, '만약에'라는 표현을 써서 반대로 생각해 보면 어떻게 될지 제시를 해 보세요. 즉 '반증'으로 여러분의 주장을 펼쳐 보세요.

 키플링의 《정글북》을 읽었다면, 그 작품 속의 내용을 '근거'로 사용해서 내 주장을 제시할 수 있어요. 반대로, 키플링의 주장에 반대한다면 반증을 제시해서 반론을 주장할 수 있겠죠?

 모글리는 인간 사회로 돌아가야 할까요, 정글에 남아야 할까요?

	마인드맵	개요
서론	① 내 생각	④ 내 입장
본론	② 근거 (이유)	⑤ 근거 (이유)
결론	③ 방향	⑥ 그래서?

키플링은 '육하원칙'뿐 아니라 〈만약에〉라는 시로도 유명하답니다. 반증을 이해하기 위해 반대로 생각하는 훈련이 우리에게 익숙하지 않지만, 키플링의 〈만약에(If)〉라는 시를 감상해 보면 도움이 될 거예요.

If you can keep your head when all about you

Are losing theirs and blaming it on you,

If you can trust yourself when all men doubt you,

But make allowance for their doubting too;

만약에, 네가 모든 것을 잃고, 모두가 너를 비난할 때, 5

네가 당당히 고개를 똑바로 들 수 있다면,

만약에, 모두가 너를 의심할 때,

네가 너 자신을 신뢰할 수 있다면,

If you can wait and not be tired by waiting,

Or being lied about, don't deal in lies, 10

Or being hated, don't give way to hating,

And don't look too good, nor talk too wise…

만약에, 네가 기다릴 수 있고, 기다림에 지치지 않는다면,

혹은, 거짓 속에서도 거짓과 타협하지 않는다면,

혹은, 미움을 받더라도 미움에 굴복하지 않는다면,

너무 좋게 보이려 하거나, 너무 잘난 체 하지 않는다면…

5   If you can dream and not make dreams your master;

If you can think and not make thoughts your aim;

If you can meet with Triumph and Disaster

And treat those two imposters just the same;

만약에, 네가 꿈을 꾸면서도 그 꿈에 노예가 되지 않는다면,

10   만약에, 네가 생각을 하면서도, 그 생각에 네가 휘둘리지 않는다면,

만약에, 네가 성공과 실패를 만나더라도

그러면서도 그 두 가지를 똑같은 것으로 받아들일 수 있다면

If you can bear to hear the truth you've spoken

Twisted by knaves to make a trap for fools,

15   Or watch the things you gave your life to, broken,

And stood and build'em up with worn out tools…

만약에, 네가 말한 것이 왜곡되어 바보들이 너를 욕할 때,

네가 그것을 참고 들을 수 있다면,

너의 인생을 바친 일이 무너진 것을 보더라도

낡은 연장들을 챙겨서 다시 일어설 수 있다면,

(중략)

If you can fill the unforgiving minute

With sixty seconds' worth of distance run,

Yours is the Earth and everything that's in it,

And, which is more   you'll be a Man, my son.

만약에, 네가 도저히 용서할 수 없는 순간을

거리를 두고 태연하게 1분간 채울 수 있다면

세상은 너의 것이 되고, 모든 것을 할 수 있으리라.

비로소 너는 한 '인간'이 되는 것이다, 내 아들아.

— 러디어드 키플링, 《만약에(If)》 중에서 (저자역)

러디어드 키플링의 문장 다시 보기

다음은 키플링의 <러니미드>라는 시(詩)입니다. 1215년에 영국의 귀족들이 러니미드 평원에서 영국의 포악한 왕 존에게 맞서 "마그나카르타(대헌장)"에 서명한 사건을 여러 상징으로 표현하고 있습니다.

러니미드여, 러니미드여, 갈대들의 소리를 들으라.

"당신(왕)은 우리의 권리와 자유를 팔아서도, 머뭇거려서도, 가로 막아서도 안 된다."

우리의 권리가 러니미드에서 쟁취되었노라.

정당한 법의 심판을 통하지 않고서라면

이 땅의 어느 누구도 자유를 잃거나 억압받을 수 없으며,

조상으로부터 물려받은 땅을 빼앗길 수도 없노라.

대헌장이 이곳 러니미드에서 서명되었음을 잊지 말아라.

지금도 폭군들과 독재자의 오만한 손이

조국의 숭고한 전통 위에 드리울 때마다

러니미드의 연약한 갈대들은 우리의 귀에 그 순간을 속삭인다.

지금도 템즈 강은 러니미드의 경고를 간직한 채

유유히, 그리고 엄숙히 흘러간다.

- 러디어드 키플링 《러니미드》

이 시에 나타난 '갈대'와 '템즈강'은 무엇을 상징하는 것일까요?

5과

《햄릿》의 작가
윌리엄 셰익스피어처럼 인용하기

영국을 대표하는 작가는 누가 뭐래도 셰익스피어예요. 셰익스피어를 인도 대륙과도 바꾸지 않겠다는 말은 과장된 표현이긴 하지만, 다른 한편으로는 셰익스피어에 대한 영국인들의 애정과 자부심이 그만큼 컸다는 것을 의미하지요. "사느냐, 죽느냐, 그것이 문제로다!"라는 표현은 셰익스피어의 작품 《햄릿》에 등장하는 표현입니다. 셰익스피어는 이 표현을 어떤 의미로 사용했을까요? 그리고 이 작품을 통해서 무엇을 말하고 싶었을까요?

Q1 여러분은 셰익스피어의 작품 중에서 무엇을 읽어 보았나요? 혹시 읽지 않았다면 영화나 이야기로 들은 다른 셰익스피어의 작품이 있나요?

Q2 "사느냐, 죽느냐, 그것이 문제로다!"라는 말은 셰익스피어의 《햄릿》이라는 작품에 등장해요. 이 표현은 어떤 의미로 사용되었을까요? 이 문구를 우리 언어로 바꾼다면 어떻게 표현할 수 있을까요?

예시) 나는 이대로 살아야 할지, 아니면 이 상황을 온 몸으로 부딪혀서 바꿔야 할지 너무 고민스럽다.

셰익스피어 고향 스트랫퍼드 어폰 에이번에는 그의 동상(좌)이 있다.
그의 생가 박물관에는 셰익스피어의 흉상(우)도 볼 수 있다.

윌리엄 셰익스피어 (William Shakespeare, 1564~1616)

셰익스피어는 영국을 대표하는 문학가입니다. 영국 사람들이 가장 존경하는 작가이며, 그의 수많은 작품을 통해 영어의 어휘가 형성되었으니, 셰익스피어가 영어의 역사에서 차지하는 비중은 절대적입니다.

셰익스피어는 작가 중에서도 위대한 작가에게만 부여하는 '대문호'라는 호칭을 얻은 작가였지만, 대학공부를 한 사람은 아니였어요. 대신 어려서부터 엄청나게 많은 책을 읽고, 거기서 얻은 문장들을 작품 속에 표현했습니다.

일부 학자들은 셰익스피어가 실제로 존재하지 않았다고 생각해요. 옥스퍼드 대학교 출신의 누군가가 '셰익스피어'라는 필명(筆名)으로 작품을 썼다고 생각했어요. 왜 그럴까요? 대학교도 졸업하지 않은 사람이 그렇게 많은 작품을 썼을 리가 없다고 생각했기 때문입니다. 그렇지만 셰익스피어는 어린 시절부터 수많은 책을 읽고, 사고하면서 작가가 되는 훈련을 했어요. 셰익스피어가 위대한 작가가 될 수 있었던 비결은 책 속에 있었으니까요.

5 또 하나 눈여겨볼 점이 있습니다. 여러 작품 중에서 셰익스피어가 창의적으로 쓴 작품은 많지 않아요. 그게 무슨 말이냐고요? 셰익스피어는 그 시대의 알려진 이야기를 자신의 언어로 각색해서 만들었어요. 평범한 이야기가 셰익스피어의 펜을 통해서 위대한 작품이 되었습니다. 비슷한 내용이라도 셰익스피어는 탁월한 문장을 통해 사람들의 마음을 사로잡았어요. 그
10 표현은 지금까지 사람들이 사용하는 명언으로 남았어요. 다음의 내용을 볼까요?

◐ 셰익스피어의 동상

사느냐 죽느냐, 그것이 문제로다.
- 《햄릿》 중에서

내가 누구인지 말할 수 있는 자는 누구인가?
- 《리어 왕》 중에서

반짝인다고 다 금은 아니다.
- 《베니스의 상인》 중에서

밤이 아무리 길어도 결국 아침이 찾아오기 마련입니다.
- 《맥베스》 중에서

 위의 명대사들은 셰익스피어 작품에 나옵니다. 다음 질문을 통해 상상해 볼까요?

❶ 위의 명대사는 어떤 의미일까요?
어떤 상황에서 이 대사가 사용되었을까요?

❷ 위의 명대사를 우리가 즐겨 사용하는 '평범한' 문장으로 바꿔 볼까요? 단, 우리가 자주 쓰는 단어로 바꿔봅시다.

❸ 같은 의미지만, 셰익스피어의 표현과 우리의 표현은 어떤 차이점이 있나요?

다음은 《햄릿》에서 주인공 햄릿이 어머니인 왕비에게 하는 대사입니다. 읽어볼까요?

> 습관이란 괴물은 악습에 무감각하게도 만들지만,
> 천사 같은 면이 있어,
> 선행을 자주 하면 새로 맞춘 옷이 그러하듯
> 차츰 몸에 배기 마련이죠.
> 5 오늘 밤을 삼가시면 내일은 한결 참기 쉽고,
> 그다음은 더욱 쉬워지는 법이니.
> 이렇게 습관은 천성을 바꿀 수도
> 악마를 누르고 기적처럼 몰아낼 수도 있기 때문이죠.
>
> – 《햄릿》 중에서, 《셰익스피어 4대 비극》, 더스토리, p.138.

Q2 이 글을 읽으면 어떤 느낌이 드나요?

셰익스피어의 글이 영국 사람들에게 큰 영향을 주었던 이유는 탁월한 어휘와 표현을 사용했기 때문이에요. 같은 의미를 전하더라도 어떤 단어, 어떤 문장을 쓰느냐에 따라 글의 수준이 달라진답니다.

《퀀텀쓰기》가 지향하는 부분도 바로 이런 부분이에요. 글을 쓰는 요령과 구조를 '공식'처럼 알려주기는 쉽지만, 그 구조 속에서 우리가 원하는 어휘와 문장을 자유롭게 사용하는 것은 꾸준한 독서를 통해 위대한 작가들의 글을 직접 경험해야만 가능하기 때문입니다.

셰익스피어의 글을 계속 접한다면 우리도 조금씩 셰익스피어와 비슷한 글을 쓸 수 있을 거예요.

○ Daniel Maclise
(1806–1870)
《The Play Scene in 'Hamlet'》

셰익스피어와 함께 하는 퀀텀쓰기, **인용하기**

이제 우리는 글의 구조를 살펴보았습니다. 나침반이 있어야 정확한 목적지에 도달할 수 있듯이, 마인드맵을 통해서 우리의 명확한 주장을 설정하고, 그것을 뒷받침하는 '근거'들을 제시했습니다.

<u>우리의 주장을 더 분명하게 하고, 글의 수준을 높이는 방법은 좋은 어휘를 쓰는 것이에요.</u>

《맥베스》에 나오는 다음 문장을 읽고 느껴 볼까요?

붉은색 단어를 살펴보면서 읽어봅니다.

맥베스 :

이 '**괴이한 충동**'은 좋을 수도, 나쁠 수도 있다. 만일 이게 좋은 일이라면, 왜 나는 이 유혹에 '**평정심**'을 잃고 그 무시무시한 '**환영**'에 머리칼이 쭈뼛 서며, 평소엔 '**동요**'할 줄 모르던 심장이 나의 '**심연**'을 두드리는가? 눈앞의 공포는 상상 속의 공포보다는 덜 무서운 법. 살인은 아직 상상에 불과하건만, 그 생각은 이 몸을 뒤흔들어 '**분별력**'이 '**억측**'으로 마비되고, 환영 외에는 아무것도 보이질 않는구나.

— 《맥베스》 중에서

이 단락을 읽으면서 어떤 생각이 들었나요? 혹시 이해되지 않는 단어가 있었나요? 만일 위의 글을 조지 오웰의 《1984》에 나온 것처럼 빅브라더가 어휘를 줄이는 방식으로 다음과 같이 바꿔서 표현한다면 어떤 느낌이 드는지 읽어볼까요?

맥베스 :

이 '나쁜 마음'은 좋을 수도, 나쁠 수도 있다. 만일 이게 좋은 일이라면, 왜 나는 이 나쁜 것에 좋은 마음을 잃고, 그 나쁜 귀신 같은 모습에 머리칼이 쭈뼛 서며, 평소에는 흔들리지 않은 마음이 내 생각을 두드리는가? 눈앞의 무서운 것은 상상 속의 무서운 것보다 덜 무섭다. 살인은 아직 상상에 불과하지만, 그 생각은 이 몸을 뒤흔들어 나를 나쁜 마음으로 마비되게 하고, 결국 귀신 모습 외에는 아무것도 보이질 않는구나.

이 두 단락에서 어떤 차이를 느꼈나요?

 ## 국어 선생님 원포인트 특강, 글쓰기 5단계

📕 명언과 격언을 '인용'해서 글의 수준 높이기

글을 쓰는 것은 내 생각을 표현하는 것이고, 상대방을 설득하는 것이 목적이에요. 이것을 효과적으로 수행하려면 지금까지 우리가 살펴봤듯이 좋은 '근거'를 제시하면 됩니다. 더 좋은 글을 쓰기 위해 좋은 단어와 표현을 쓴다면 우리의 글 수준은 높아집니다. 《햄릿》과 《맥베스》의 단락에서 살펴보았듯이 평이한 글이 좋은 단어와 표현을 만나면서 품격 있는 글로 변했으니까요.

이처럼 좋은 표현을 '인용'한다면 내 주장에 더욱 힘을 실을 수 있어요. <u>셰익스피어는 언제 "사느냐, 죽느냐, 그것이 문제로다."라는 표현을 사용했을까요?</u>

> 햄릿 : 사느냐, 죽느냐, 그것이 문제로다.
> 어느 쪽이 더 고상한가?
> 가혹한 운명의 돌팔매와 화살을 참고 맞는 것과
> 밀려드는 역경에 대항하여 맞서 싸워 끝내는 것 중에.
> 죽는다는 건 곧 잠드는 것, 그뿐이다.
>
> – 《햄릿》 중에서, 《셰익스피어 4대 비극》, 더스토리, p.108.

《햄릿》의 이 대목은 어떤 상황일까요? 햄릿은 불의하고 악한 현실에 대해 침묵하고, 타협하면 남부럽지 않게 왕자로 살아갈 수 있었습니다. 그러나 삼촌 클로디어스의 탐욕에 대항하고, 어머니의 타협을 지적해 죽을 수도 있는 상황에 이르렀어요.

이렇듯 햄릿은 불의한 현실에 목숨을 걸고 대항했어요. 그런 비장한 마음이 있을 때, "사느냐, 죽느냐, 그것이 문제로다"라고 표현한답니다.

우리가 어떤 주장을 할 때, 설득력을 높여주는 '인용'에는 다음과 같은 방법이 있어요.

○ 햄릿의 한 장면

❶ 아래 글처럼, 책이나 전문가의 의견을 제시하면 내 주장에 힘을 실을 수 있어요.

많은 사람이 스마트폰을 쓰는 현상에 대해 유발 하라리는 《호모 데우스》라는 책에서 '인류가 빅데이터의 지배를 받는 과정'이라고 경고했어요. 애플의 CEO 팀 쿡은 그의 강연에서 "인공지능이 사람처럼 생각하는 것을 두려워하지 말고, 사람이 인공지능처럼 생각하는 것을 두려워하라"고 경고했어요. 이처럼 우리는 무분별하게 스마트폰을 쓰는 문제를 다시 생각해 봐야 합니다.

Q1 책이나 전문가의 의견을 제시하면 어떤 느낌이 드나요? 그리고, 이런 표현을 쓰려면 평소에 우리는 어떤 연습을 해야 할까요?

....
....
....
....

❷ 격언, 속담, 사자성어 등을 이용하면 글의 효과가 더 커집니다. 아래 글을 볼까요?

> 환경 문제는 더 이상 인류의 편리함을 위해 희생할 수 있는 차원이 아닙니다. 이미 기후와 생태계 파괴는 우리가 지금 겪고 있는 심각한 문제입니다. 우리가 처한 상황을 놓고 보면 셰익스피어의 유명한 표현이 생각납니다.
> 5 "사느냐, 죽느냐, 그것이 문제로다."

 **Q2** 셰익스피어의 《햄릿》에 나온 대사를 인용해서 글을 마무리 했을 때 어떤 느낌이 드나요?

*그렇지만 주의할 점이 있어요.
 반드시 '상황에 맞는' 격언, 속담, 사자성어를 써야 해요!

---

❸ 애래 글처럼 통계를 제시해서 내 주장을 객관적으로 제시할 수 있어요.

> 빅데이터가 우리의 생활을 빠르게 지배하고 있고, 인공지능이 인류의 자리를 대체하고 있다. 이런 현실에서 '인간성'의 가치를 지킬 수 있는 유일한 방법은 독서다. 그러나 통계청 발표에 따르면, 92%의 국민들은 필요한 정보와 지식을 얻을 때 스마트폰을 선호한다. 1년에 책을 1권이라도 읽은 성인은 2011년에는 73.7%였지만 2021년에는 46.9%에 불과했다. 인공지능이 사회의 대부분을 잠식할 2031년은 어떤 모습으로 우리를 기다릴까?

5

 **셰익스피어와 함께 실전 글쓰기**

> 왕: 아, 내가 지은 더러운 죄악, 그 악취가 하늘을 찌르는구나. 그건 인류 최초의 죄, 형제를 죽인 저주 때문이지. 이제 난 도저히 기도를 드릴 수도 없다. 그렇지만 어떤 기도를 드려야 할까? "내 더러운 살인을 용서하소서?" 그럴 수는 없어. 그 살인으로 빼앗은 것을 아직도 손아귀에 쥐고 있지 않은가? 이 왕관과 야망, 그리고 왕비. 죄 지어 얻은 것을 쥔 채로 죄를 용서받을 수 있을까? 천국에서는 그럴 수가 없어. 거기는 속임수는 통하지 않으니 만사가 있는 그대로 드러나고 우리가 범한 죄가 속속 드러나거든…
>
> – 《햄릿》 중에서

　　살인으로 왕의 자리에 오른 클로디어스가 자기 잘못에 대해 고민하는 장면입니다. 이 모습을 몰래 지켜보던 햄릿은 숙부를 살해해서 복수하려고 마음을 먹지만 갈등합니다. 역사의 심판에 맡겨야 할지, 아니면 스스로 복수를 해야 할지 내적 갈등에 빠지게 된 것이지요.

5　　만일 '내가' 햄릿이라면, 복수는 역사의 심판에 맡기고 물러나야 할까요, 개인적인 복수를 해야 할까요?

	마인드맵	개요
서론	① 내 생각	④ 내 입장
본론	② 근거 (이유)	⑤ 근거 (이유)
결론	③ 방향	⑥ 그래서?

윌리엄 셰익스피어의 문장 다시 보기

당신네 기독교도들은 나에게 망신을 주었고, 내 손실을 비웃고 이득은 조롱했지요. 또 나의 나라를 모욕하고 내 거래에 훼방을 놓았을 뿐만 아니라 내 친구들을 냉담하게, 적들은 흥분하게 만들었습니다. 이유가 뭐냐고요? 내가 유대인이기 때문이죠.

유대인은 눈이 없나요? 유대인은 손도, 기관도, 신체도, 감각도, 감정도, 열정도 없나요? 기독교도들과 같은 음식을 먹고, 같은 무기로 상처를 입으며, 같은 병에 걸리고 같은 방법으로 치유되며, 여름과 겨울에도 똑같이 덥고 춥지 않냐고요? 당신들이 우리를 찌르면 피가 안 나올까요? 간지럼을 태우면 안 웃을까요? 독약을 먹으면 안 죽나요? 그런데 당신들이 우리에게 잘못하면 우리는 복수도 못하나요? 우리가 나머지 부분에서 당신들과 같다면 그것도 닮아야 할 겁니다. 유대인이 기독교도에게 잘못하면 당신들은 겸손하게 뭘 하죠? 복수하죠! 반대로 기독교인이 우리에게 잘못하면 당신들처럼 인내하나요? 복수해야죠. 당신들이 가르쳐 준 그 비열한 짓을 난 실행할 겁니다.

- 셰익스피어, 《베니스의 상인》, 민음사, pp.179-180.

여러분은 《베니스의 상인》에 나오는 '샤일록'이란 인물을 아나요? 그렇다면 위의 샤일록의 대사를 통해 셰익스피어는 우리에게 무엇을 말하는지 이야기 해 볼까요?

―― 실전문제 ――

영국작가들과 함께
퀀텀 글쓰기

연습문제 조지 오웰의 글

　　1930년 즈음부터 지금까지의 세상 돌아가고 있는 모습을 보고 있노라면 인류 문명이 존속할 거라는 사실을 믿기가 좀처럼 쉽지 않다. 그렇다고 현실 정치를 포기한 채 산 속으로 들어가 구원받는 삶을 기원하거나 자급자족 커뮤니티를 만들어 원자폭탄이 세상을 휩쓸어 버릴 날에 대비하라는 게 아니다. 나는 사람들이 정치적 투쟁을 계속해야 한다고 믿는다. 죽을 게 뻔한 환자라 하더라도 살리기 위해 노력하는 의사처럼 말이다.

　　우리는 정치적 행위가 대체로 비이성적이라는 사실을 깨달아야 한다. 세상은 일종의 정신병에 시달리고 있으며, 이를 치료하려면 진단부터 내려야 한다는 걸 이해해야 한다. 이런 깨달음이 선행하기 전에는 아무 진전도 기대할 수 없다.

　　우리가 겪는 재앙과 재난은 사실 거의 다 피해갈 수 있는 것들이다. 이건 매우 중요한 얘기다. 흔히 인간은 안락함을 꾀한다고들 가정한다. 자, 이제 우리는 조상들이 누리지 못했던 안락함을 누릴 여건을 갖췄다. 때때로 대자연이 지진이나 태풍을 몰고 오긴 하지만 자연재해마저 대체로 해결 가능한 문제가 됐다. 하지만 바로 지금처럼, 모두에게 모든 것이 풍족하게 주어질 수 있는 이 순간에 우리는 남의 영토와 판매 시장, 자원을 빼앗는데 정신을 쏟고 있다.

바로 지금처럼, 모두에게 충분한 부(富)가 돌아갈 수 있어서 어느 나라 정부든지 반대 세력을 염려하지 않아도 되는 이 순간에 정치적 자유의 불가능이 선포되고 세계의 절반은 비밀경찰로부터 감시를 당한다.

바로 지금처럼, 미신이 힘을 잃고 우주에 대한 합리적 이성이 실현 가능해진 이 순간에 개인이 자유롭게 사고할 수 있는 권리는 그 어느 때보다 더 제한받는다.

즉, 인류가 진정으로 싸우기 시작한 건 싸울 이유가 사라진 때부터다. 세계를 지배하는 이들의 행동을 직접 설명할 수 있는 경제적 동기는 찾기 어렵다. 부에 대한 욕망보다는 순수한 권력욕이 훨씬 더 우세함을 느낀다. 흥미롭게도 인간의 권력욕은 어느 시대에나 보편적인 본능인 양 받아들여지는 듯하다. 식욕처럼 말이다. 하지만 권력욕은 생물학적 필요성을 기준으로 음주나 도박만큼이나 자연스럽지 못한 욕구다.

우리 사회가 역사상 최고 수준의 광기에 이르렀다면 – 나는 그렇다고 본다 – 우리는 지금 이렇게 물어야 한다. '약자를 괴롭히려는 욕구가 어쩌다 현시대 인간의 주된 행동 동기가 되었는가?'

좀처럼 누구도 묻지 않고 아무도 답을 내놓지 않는다. 우리가 이 질문에 답할 수 있게 된다면 당신의 아침 신문 1면에 아주 가끔 좋은 소식이 실릴지도 모른다.

물론 보이는 것과 달리 우리가 사는 이 시대가 이전보다 더 나빠졌거나 크게 달라지지 않았을 가능성도 있다. 내 친구가 예전에 번역한 인도 속담을 생각해보면 그럴 가능성이 아예 없는 것도 아니다.

"자칼은 4월에 태어났고, 6월이 되자 비가 쏟아져 강이 불어났다. 자칼이 말하길 '내 생애 이토록 거대한 홍수를 본 적이 없구나.'" (인도 속담)

- 조지 오웰의 에세이
〈인류는 비이성적이고, 평화를 얻지 못할 것이다〉,
《더 저널리스트》, 한빛비즈, pp.21~23.

 ## 글쓰기 가이드

지문 없이 글을 쓸 때에는 자신의 생각을 마음껏 펼쳐서 주장을 펼치면 됩니다. 반면, 지문을 읽고 글을 써야 할 때에는 지문의 내용을 '분석'해서, 그 속에서 '근거'를 찾아서 표현하는 것이 중요해요. 근거로 삼을만한 내용을 동의하기 어렵다면 그 근거에 대해서 '반론'을 제기할 수도 있어요.

이제부터 작성할 실전 글쓰기는 지문을 분석해서 그 속에서 단서를 찾은 후에 주장을 전개하는 연습을 할 거예요.

 ### 연습 글쓰기

우리가 처한 현실 속에서 우리는 '정치' 문제에 대해 어떤 자세로 임해야 하는지 조지 오웰의 글을 읽고 여러분의 생각을 써 보세요.

마인드맵

정치에 대한 내 생각 vs 조지 오웰의 생각

정치에 대해 어떻게 대해야 할까?

근거는 무엇인가? (통계? 역사적 사례? 전문가의 의견?)

논증을 어떻게 제시해 나갈 것인가? (반론? 근거? 예시?)

탁월한 리드문은 어떻게 시작할 것인가?

조지 오웰의 의견에 찬성하는가, 반대하는가?

위의 항목을 마인드맵에 작성해서 표현해 볼까요?

	마인드맵	개요
서론	① 내 생각	④ 내 입장
본론	② 근거 (이유)	⑤ 근거 (이유)
결론	③ 방향	⑥ 그래서?

실전문제 1. 다니엘 디포의 글

　내게는 형이 두 명 있었다. 큰형은 스페인 군대와 전투하던 중 덩케르크 부근에서 사망했다. 작은형에 대해서는 아무것도 모른다. 멀리 떠나서 소식을 전하지 않았기 때문이다.

　아버지는 내가 법률 공부를 하길 원하셨다. 그러나 나는 아주 어렸을 때부터 모험심에 불타 있었다. 오로지 배를 타고 바다를 오랫동안 여행해 보고 싶은 갈망이 아주 강했기 때문에 어머니와 친척들의 설득도 모두 물리쳤다. 나는 어떻게 해서든지 배에 올라탈 시간만을 생각했다. 온갖 수단을 써서 나의 계획을 단념시키려 했던 아버지는 어느 날 아침, 나를 침대 곁으로 부르셨다. 아버지는 중풍 때문에 꼼짝하지 못하고 침대에 누워 계셔야 했다.

　"아들아, 난 네가 왜 그런 결정을 내렸는지 이해할 수가 없구나. 하지만 모든 게 너의 그 채울 수 없는 방랑벽 때문이라고 생각한다. 나는 네가 법관이라는 직업에 만족할 수 있도록 너를 키웠다. 하지만 너는 바다로 가겠다고 변덕을 부리고 있어. 그건 살아갈 방법이 없는 비참한 사람들이나, 출세하고 싶어서 모험을 떠나야만 하는 야심만만한 사람들만이 선택하는 길이란다. 너는 그런 처지가 아니잖니? 아들아, 우리 집처

럼 중류 가정에 태어난 게 얼마나 행운인지 잘 생각해 보렴. 우리는 가난한 집에서 태어난 사람들이 헤쳐 나가야 할 모든 불행을 겪지 않아도 돼. 우리에겐 재산이 충분히 있잖아. 또한 부자들과 권력자들처럼 오만이나 사치, 야심으로 고민할 필요도 없어. 나를 믿어라, 로빈슨. 중산층이 가장 좋은 것이란다. 매우 평온하게 인생의 기쁨을 누릴 수 있단다."

아버지는 잠시 쉬었다가 다시 덧붙여 말씀하셨다.

"너도 알다시피, 너의 큰형도 너처럼 방랑벽을 만족시키기 위해 군대에 뛰어들었다가 결국 덩케르크에서 싸우다가 죽었잖니. 너의 작은형은 모험에 몰두하느라 집에 돌아오지도 않았어. 그러니 결심을 하기 전에 형들의 경우를 생각해 보아라. 네가 끝까지 고집을 부려 집을 떠난다면, 물론 어디에 있든 너를 위해 기도하마. 하지만 하나님께서도 너를 축복하지 않으실 거다. 너는 틀림없이 네 결심을 후회하게 될 거야. 하지만 그 땐 이미 늦었을 거다."

이 마지막 말씀을 하시는 동안 아버지는 목소리가 떨렸고, 두 뺨을 타고 눈물이 흘러내렸다. 아버지의 말씀에 나는 깊이 감동을 받았다. 잠시나마 나는 출발하겠다는 계획을 단념하고 집에 머물러 있기로 결심했다. 그러나 불행히도 그런 마음은 며칠 지속되지 못했다. 금세 모험에 대한 열망에 사로잡

혀 몰래 집을 떠나기로 마음먹은 것이다. 그래서 나는 어머니에게 이렇게 말씀을 드리기로 결심했다.

― 다니엘 디포, 《로빈슨 크루소》, 대교, pp.7~9.

 실전 글쓰기 1

내가 가진 꿈과 부모님의 바람이 서로 반대될 경우 우리는 어떤 결정을 해야 할까요? 다니엘 디포의 글을 읽고 여러분의 생각을 써 보세요.

실전문제 2. 조나단 스위프트의 글

    나는 주인의 지시에 따라서, 오렌지 왕자가 이끈 명예혁명에 대해서, 그리고 역시 오렌지 왕자가 이끌고 현재의 영국 여왕이 다시 시작하였으며 그리스도교의 열강들이 참가하여 아직도 계속되는 프랑스와의 기나긴 전쟁에 관한 이야기도 해주었다. 그 전쟁이 계속되는 동안에 사람들이 약 1백만 명 죽었고, 도시 1백 개 이상이 파멸되었으며, 배 5백 척 이상이 불에 타거나 침몰되었을 것이라고 얘기해 주었다.

    나는 유럽에서 벌어지는 전쟁의 원인이나 동기가 무엇인지에 대해서 말했다. 그것에는 여러 가지가 있겠지만 가장 중요한 몇 가지는 이렇다. 때때로 야망이 드센 군주들은 자기가 통치하는 땅과 국민이 항상 부족하다고 생각하고, 때로는 부패한 관리들이 그들의 사악한 통치로 인해서 발생하는 국민들의 소란을 제지하거나 달래려고 국왕을 충동하여 전쟁을 일으킨다고 했다. 어떤 사소한 의견의 차이로 인해서 수많은 인명이 희생되기도 한다고 했다. 예를 들어 고기가 음식으로서 적당한 것인지 아닌지, 어떤 열매의 즙이 과즙인지 술인지, 휘파람 부는 것이 미덕인지 악덕인지, 나무에 키스하는 것이 좋은지 나쁜지, 옷의 색깔은 무엇이 좋은지, 그리고 그것이 길어야 하는지 짧아야 하는지, 좁아야 하는지 넓어야 하는지, 깨끗해야 하는지, 더러워야 하는지 등등이다. 그런데 그러한 의견 차로 생기는 전쟁이 오히려 더 치열하고 오래가는 경우가 많다고 했다.

때때로 두 군주가 그들이 주장할 아무런 권리도 없는 제삼자 소유의 영토를 빼앗으려고 싸우는 경우도 있다고 했다. 때로는 상대방 군주가 싸움을 걸어올까 봐 이쪽에서 먼저 선수를 쳐서 싸움을 걸기도 한다고 했다. 어떤 때는 상대가 너무 강하기 때문에 싸움을 걸기도 하고, 어떤 때는 너무 약하기 때문에 싸움을 하기도 한다고 했다. 때로는 이웃 나라가 자기 나라에 있는 것을 갖지 못했기 때문에 다투기도 하고 또는 자기 나라에 있지 않은 것을 이웃 나라가 가졌기 때문에 다투기도 하는데, 그럴 때는 이웃 나라가 자기의 것을 갖거나 이웃 나라의 것을 자기에게 줄 때까지 싸운다고 했다. 어떤 나라의 국민이 기근으로 굶주리거나 전염병으로 쓰러져가거나 자기네들끼리 당파 싸움에 휘말려 있는 것도 싸움을 거는 사유가 된다고 했다. 그리고 아무리 가까운 동맹국이라고 하더라도 그 나라의 어떤 도시나 영토의 일부가 자기 나라의 일부가 되는 것이 국토를 정리하는 데 좋은 위치에 있으면 그 나라와 전쟁을 하는 것이 정당한 사유가 된다고 했다. 가난하고 무지한 나라를 점령하여 그들을 개화시키고 야만적인 생활에서 건져내줄 수 있다는 구실로, 그 백성들의 절반을 죽여 버리고 나머지를 노예화하는 경우도 있다고 했다. 어떤 나라의 왕이 다른 나라에게 침공을 당해서 다른 제3의 군주에게 구원을 요청하면 구원하러 간 군주가 침략자를 물리친 후에, 구해준 나라를 점령하고 그가 도와주러 갔던 군주를 죽여 버리거나 투옥하거나 추방해버리는 일도 있다고 했다. 혈연관계나 결혼으로 인해서 동맹이 결성되는 경우에도 그것이 군주들 간에 전쟁을 하는 이유가 된다고 했다. 그리고 인척 관계가 가까울수록 경쟁은 더 심해진다고 했다. 가난한 나라는 배가 고프고 부유한 나라는 오만해지게 된다. 그런데 오만이나 배고픔은 싸움의 원인이 된다고 했다.

― 《걸리버 여행기》 4부, 말의 나라 여행기, 5장, 문예출판사, pp.317~319.

실전 글쓰기 2

《걸리버 여행기》에서 언급된 위의 내용과 비슷한 일이 현실에서 일어난다면 어떤 일이 일어날 수 있을까요? 그 예를 들어볼까요?

그것을 개선하기 위해서 '나'는 무엇을 할 수 있을지 여러분의 생각을 써 보세요.

실전문제 3. 윌리엄 셰익스피어의 글

　사느냐, 죽느냐, 그것이 문제로다.
　가증스러운 운명의 돌팔매와 화살을
　그냥 참는 것이 고귀한 행동일까,
　아니면 밀물처럼 밀려드는 역경에 맞서
5　싸워 이기는 게 더 고귀한 행동일까.
　죽는 것은 잠드는 것 – 그뿐이다.
　일단 잠들면 마음의 고통과 몸을 괴롭히는
　수천 가지 걱정거리도 그친다지.
　그게 간절히 바라는 결말이야.
10　죽는 것은 잠드는 것 – 잠이 들면 – 아마 꿈을 꾸겠지.
　아, 그것이 문제로군.
　현세의 번뇌를 떨쳐 버리고 죽어서
　잠이 들면 그 어떤 꿈을 꾸게 될지 몰라
　망설일 수밖에 없어. 이런 생각 때문에
15　오랜 세월 지긋지긋한 삶에 매달리지.
　그게 아니라면 누가 이 세상의 시달림을 참고 견딜까?

폭군의 횡포, 교만한 자의 무례한 언동,

버림받은 사랑의 고통, 질질 끄는 재판,

관리들의 무례함, 유덕한 자가 소인배에게 당하는 수모,

스스로 단칼에 끝장낼 수 있다면,

이런 괴로움을 누가 참겠는가? 5

그 누가 무거운 짐을 지고

지루한 인생살이에 신음하며 땀을 흘리겠는가?

다만 죽음 이후에 옴을 어떤 것에 대한 두려움,

어떤 나그네도 돌아오지 못한 곳, 그 미지의 나라에 대한

두려움이 우리를 주저하게 만들고, 10

알지 못하는 저 세상의 것을 향해 날아가기보다

차라리 겪고 있는 괴로움을 견디게 만든다.

이처럼 분별심이 우리 모두를 겁쟁이로 만들고

혈기왕성한 결의도 창백한 생각에 가려 병색이 감돈다.

이런 까닭에 거창하게 시작한 과업도 15

방향을 잃고 흐지부지해져 버린다.

― 셰익스피어 《햄릿》, 펭귄클래식코리아, pp.114~115.

실전 글쓰기 3

"사느냐, 죽느냐"의 문제로 햄릿을 갈등하게 한 이유 중, 우리의 현실과 가까운 것은 무엇인가요?

어떻게 실천하면 우리의 행동이 더 고귀하게 될까요?

실전문제 4. 조지 오웰의 글

　우리가 정리해야 할 부분은 '여성과 어린이 살육'에 대한 앵무새 같은 외침이다. 지난 글에서도 말했지만, 반복할 필요가 있어 다시 말한다. 각 연령대의 일부를 골고루 제거하는 게 젊은 청년들만 골라 죽이는 것보다는 낫다고 할 수 있다. 독일 측 발표에 따르면 우리가 공습으로 죽인 독일 민간인의 수는 120만 명이라고 한다. 이 수치가 사실이라면 적어도 러시아 전선이나 아프리카, 이탈리아 전부에서 비슷한 수의 군인이 사망했을 때보다 독일 인구 전체가 입은 손해는 상대적으로 덜할 것이다.

　전쟁에 임하는 어떤 국가든 자국의 어린아이들을 보호하기 위해 최선을 다한다. 공습에 의한 아동 사망률은 전체 인구에서 차지하는 비율로 볼 때 낮을 거라 예상한다. 여자들이 아이들만큼 보호받지 못하고 있는 건 사실이지만, 그렇다고 여자 살상을 더 맹렬히 비난하는 건 순전히 감상벽일 뿐이다. 어차피 살인 자체는 인정하지 않는가. 여자를 죽이는 게 남자를 죽이는 것보다 왜 더 나쁘다는 건가? 사람들은 여자를 죽이는 건 번식 개체를 죽이는 거라고 말한다. 여자가 남자보다 희소가치가 높다고 말한다. 하지만 이런 주장은 인간을 짐승과 마찬가지로 교배시킬 수 있다는 착각에 기인한다. 종자용 숫양 한 마리가 암양 수천 마리를 수정시키듯 남자 한 명이 수많은 여자를 임신시킬 수 있다는 것이다. 그러니 상대적으로 남자 한 명의 목숨 가치는 떨어진다는 주장이다. 그러나 인간은 가축이 아니다. 전쟁이 만들어낸 도살장에서 남자들이 죽고, 여자 인구가 상대적으로 많이 남게 되면 대다수의 여자들이 아이를 갖지 않는다. 남자의 목숨은 생물학적으로 봤을 때 여자의 목숨과 거의 비슷한 가치를 지닌다는 얘기다.

    지난 전쟁에서 대영제국은 거의 백만 명의 전사자를 냈다. 그중 3/4이 서른 살도 되지 않은 영국의 청년들이었다. 이들이 살아남아 아이를 한 명씩만 낳았어도 지금쯤 스무살의 청년 인구 75만 명이 생겼을 것이다. 영국보다 더 많은 전사자를 낸 프랑스 역시 지난 전쟁의 학살로부터 아직 회복하지 못했다. 이번 전쟁의 사상자는 아직 집계되지 않았지만, 지난 전쟁을 생각해보면 대략 1~2천만 명의 청년들이 죽임을 당했으리라 짐작할 수 있다. 포탄과 로켓, 장거리 발사 무기는 노인과 어린이, 건강한 사람과 병든 사람, 남자와 여자를 가리지 않고 공격한다. 만약에 이 전쟁이 그런 무기 위주로 치러졌다면 유럽 사회 전체가 입은 피해는 더 줄어들었을 것이다. 어쩌면 다음 전쟁은 그렇게 치러질지도 모를 일이다.

독자 중 일부는 내가 아군 또는 적군의 공습에 열렬히 찬성하는 것으로 오해하는 듯하다. 그건 사실이 아니다. 이 나라의 많은 이들이 그렇듯 나 역시 폭탄이라면 진절머리가 난다. 내가 반대하는 건 위선이다. 무력은 수단일 뿐이라고 정당화하면서 특정 무력 수단에만 반대하고 불평하는 위선, 전쟁을 비난하면서 실제로는 전쟁을 유도하는 사회 구조를 유지하려고 애쓰는 그런 위선 말이다.

– 조지 오웰의 에세이 〈공습 사망자외 우리의 위선〉, 《더 저널리스트》, 한빛비즈, pp.159~161.

실전 글쓰기 4

전쟁에 의한 '죽음'에 대해 조지 오웰이 제시한(주장한) 견해는 무엇인가요?

여러분은 조지 오웰의 이런 견해에 대해 어떤 입장인가요?

지금도 세계 곳곳에서 일어나는 크고 작은 전쟁으로 수많은 사람들이 죽습니다. 이러한 '전쟁으로 인한 무고한 죽음'을 막기 위해 우리가 할 수 있는 일은 무엇이 있을까요?

실전문제 5. 러디어드 키플링의 글

　한쪽에는 직경이 1cm도 되지 않는 금속 구멍이 뚫려 있고, 다른 쪽에 뚫린 구멍의 직경은 1cm가 좀 넘었다. 존(John)은 그것을 비단 천으로 조심스럽게 닦은 뒤에 직경 1cm가 넘는 구멍 속으로 금속 원통을 끼워 넣었다. 존은 웅덩이의 물을 찍어 구멍 밑으로 한 방울을 떨어뜨렸다. 나사를 작동시키자 원통이 회전했고, 그는 원하는 상이 잡힐 때까지 거울의 회전판 이음새를 이리저리 움직였다. 그리고 존은 말했다.

　"됐습니다." 그는 원통 안을 들여다보며 말했다. "제가 그린 형상들이 다 나타나 있군요. 이제 이 구멍을 통해 보십시오. 만약 보이지 않으면 눈금이 새겨진 이 부분을 돌려 보십시오."

　수도원장이 맨 먼저 자리를 잡고 앉으며 말했다. "그래! 이것은 예전에 봤던 그 물건이야."

　로저 베이컨이 말했다. "해가 곧 질 거요. 제발 나도 좀 보게 해 주시오! 보고 싶어 미치겠소, 나 참!" 그는 거의 애원 하다시피 했다. 일단 구멍에 눈을 대자 로저는 눈을 떼지 못했다. 그의 몸은 뻣뻣하게 굳어 버린 것 같았다. 그리고 입을 열었다.

　"이건 새로운 세계요, 새로운 세계…… 오 하나님, 무심하기도 하시지!"

스티븐 수도원장은 명령하듯이 말했다. "이번엔 토머스 차례요."

토머스는 수도원의 간병을 담당하는 인물이었다. 존은 토머스가 볼 수 있도록 원통을 조절했다. 간병사의 손이 떨리고 있었고, 오랫동안 눈을 떼지 못했다. "살아 있어!!" 그의 갈라진 목소리가 흘러나왔다. "이건 악마도 아니고, 지옥도 아니에요. 살아있는 생명들이 환호하고 있어요. 조물주의 작품이에요. 이것들이 살아 있다니!! 꿈을 꾸는 것 같아요."

수도원장이 입을 열었다. "내가 저걸 본 건 카이로에서였지." 토머스가 외쳤다.

"저 작은 동물들을 정화시킨다면 병이 치유되지 않을까요?"

"과장하지 마시오. 저건 그저 사물의 모양을 보여주는 장치에 불과하오." 존이 말했다. 로저는 웃음을 지으며 말했다. "그렇다면 교회가 지금까지 지옥이니, 악마니 하는 것들을 우리가 직접 눈으로 보았다면, 우리가 설 자리는 어디겠소?"

"위기에 처하겠지요." 수도원장이 말했다. 로저가 대답했다. "오늘 본 사실을 교황이나 교회에게 말해서는 안됩니다. 결코 가만 놔두지 않을 거니까요. 하지만 난 저것이 사악한 마술이라고 생각하지 않아요. 지혜란, 시험과 실험을 거친 뒤에야 얻을 수 있는 거라는 걸 명심해야 해요. 난 증명할 수 있습니다. 저는 생각할 용기를 가진 사람들과 함께 할 겁니다."

수도원장이 말했다. "어디 그 사람들이나 찾아보시구려! 몇 명이나 나오는지. 화형에 처해지면 25kg도 채 나가지 않을 거요. 그렇게 자기 명을 재촉한 사람들을 본 적 있지요."

로저 베이컨이 격분하며 말했다. "전 포기하지 않을 겁니다. 빛을 등지는 것은 죄악이오." 토머스 수도사도 동조했다. "맞습니다. 빛을 등져서는 안됩니다. 저 작은 동물을 정화시킨다면 병을 치유할 수 있습니다. 더 이상 질병을 악마라고 치부할 수는 없습니다.

수도원장은 여전히 완고했다. "쓸 데 없는 일입니다. 교회가 인간에게 허락한 것 이상을 본 것이오. 그 어떤 사제도 지옥 안에서 교회가 아는 것 이상을 발견하지는 못하네. 당신들이 악마에게 관심을 기울이는 만큼 교회에도 존경심을 가지게. 만약 도를 넘는 생각을 품는다면 우리는 교회의 심판을 받을 것이오."

그러더니 수도원장은 그 금속 원통형 물건을 탁자 위에 놓고는, 단검의 손잡이로 그것의 유리 부분을 내려쳤다. 그는 반짝거리는 가루로 변해 버린 유리 조각들을 손으로 쓸어 모아 화로에다 던져 버렸고, 나머지는 활활 타오르는 너도밤나무 장작들 사이로 깊숙이 밀어 넣었다.

— 러디어드 키플링 〈알라의 눈〉, 바다출판사, pp.162~169.

실전 글쓰기 5

위의 키플링의 글에서 대화를 나누는 인물들 사이에 표면적으로 드러나는 갈등의 본질은 무엇인가요?

(ex. 수도원장과 로저 베이컨 사이)

이와 비슷한 우리나라의 사건이 있다면 예를 들어 주세요.

이 시대의 '종교'의 역할과 책임은 무엇인지 여러분의 생각을 적어 보세요.

퀀텀쓰기 (영국 작가들처럼 사고하고, 글쓰기)

초판 1쇄 발행 2024년 02월 16일

지은이	박양규, 박진섭, 이예슬
펴낸이	이옥겸
기획	신소윤, 하다솜
디자인	소야(SOYA)
펴낸곳	큐리북
등록번호	제2020-000109호
주소	서울시 중구 수표로 45 을지비즈센터 709호
전화	070.7731.7555
팩스	0505.898.1010
이메일	master@soyapr.com
SNS	▶ 큐리랜드TV
	ⓞ Instagram.com/curi_land

ISBN 979-11-971906-4-3
가격 14,000원

- 잘못된 책은 바꾸어 드립니다.
- 이 출판물은 저작권법에 의해 보호를 받는 저작물이므로 무단 전재와 무단 복제를 할 수 없습니다.